中国普通高校创新能力监测报告

2022

中华人民共和国教育部
中华人民共和国科学技术部　编

科学技术文献出版社
SCIENTIFIC AND TECHNICAL DOCUMENTATION PRESS
·北京·

图书在版编目（CIP）数据

中国普通高校创新能力监测报告. 2022 / 中华人民共和国教育部，中华人民共和国科学技术部编. —北京：科学技术文献出版社，2022. 12

ISBN 978-7-5189-9986-6

Ⅰ. ①中… Ⅱ. ①中… ②中… Ⅲ. ①高等学校—科研管理—研究报告—中国—2022 Ⅳ. ① G644

中国版本图书馆 CIP 数据核字（2022）第 241224 号

中国普通高校创新能力监测报告2022

策划编辑：李 蕊 王梦珂 责任编辑：张 丹 邱晓春 责任校对：王瑞瑞 责任出版：张志平

出 版 者 科学技术文献出版社

地 址 北京市复兴路15号 邮编 100038

编 务 部 （010）58882938，58882087（传真）

发 行 部 （010）58882868，58882870（传真）

邮 购 部 （010）58882873

官方网址 www.stdp.com.cn

发 行 者 科学技术文献出版社发行 全国各地新华书店经销

印 刷 者 北京时尚印佳彩色印刷有限公司

版 次 2022 年 12 月第 1 版 2022 年 12 月第 1 次印刷

开 本 889 × 1194 1/16

字 数 154千

印 张 10

书 号 ISBN 978-7-5189-9986-6

定 价 78.00元

中国普通高校创新能力监测报告2022

编辑委员会及编辑人员

前 言

当前，世界百年未有之大变局加速演进，新一轮科技革命和产业变革深入发展，国际力量对比深刻调整，我国发展面临新的战略机遇。抓创新就是抓发展，谋创新就是谋未来。习近平总书记在中国共产党第二十次全国代表大会上的报告中指出，教育、科技、人才是全面建设社会主义现代化国家的基础性、战略性支撑。必须坚持科技是第一生产力、人才是第一资源、创新是第一动力，深入实施科教兴国战略、人才强国战略、创新驱动发展战略，开辟发展新领域新赛道，不断塑造发展新动能新优势。他强调，要完善科技创新体系。坚持创新在我国现代化建设全局中的核心地位。加快实施创新驱动发展战略。坚持面向世界科技前沿、面向经济主战场、面向国家重大需求、面向人民生命健康，加快实现高水平科技自立自强。

近年来，为深入贯彻落实《中共中央　国务院关于深化科技体制改革加快国家创新体系建设的意见》（中发〔2012〕6号）的相关要求，科技部、国家统计局会同有关部门加快推进国家创新调查制度工作，积极开展创新活动统计调查，持续发布创新能力监测和评价报告，准确研判我国创新型国家建设进程，深入分析国家创新体系中各创新主体的创新活动特征，为实施创新驱动发展战略提供决策支撑。

高校是源头创新的主力军之一，是国家创新体系的重要组成部分。高校创新能力监测是国家创新调查制度工作的重要内容之一。2016年，教育部科技司会同科技部战略规划司（原创新发展司）、中国教育科学研究院、中国科学技术发展战略研究院联合开展了全国普通高校创新调查，首次获得了一批反映当前普通高校与企业联合培养人才、参与产学研合作、科技成果扩散与转化等状况的数据。2021年，4家单位联合开展了第六轮全国普通高校创新调查，在原有基础上进一步扩大调查范围，丰富调查内容，获取了截至2020年年底的调查数据。共有2377所高校、14 792名高校教师，以及24 038名本科生和17 545名研究生参与了此次调查。

本报告以2011—2020年全国普通高校统计数据为基础（主要来源于《中国科技统计年鉴》《中国教育统计年鉴》《中国教育经费统计年鉴》《高等学校科技统计资料汇编》），结合2020年度高校创新调查数据、经济合作与发展组织（OECD）统计数据及Elsevier公司的SciVal数据库，从高校基本情况、创新人才培养、高校研发投入、科技成果及转化、国际交流与合作、高校产学研合作创新、高校教师参与创新情况、高校学生参与创新情况8个方面反映全国普通高校的创新状况，并着重体现高校在以企业为核心的创新体系中发挥的作用。

本报告分为上、下两篇。上篇为统计篇，包括5个部分，重点反映2011—2020年普通高校创新能力整体发展状况。下篇为调查篇，包括3个部分，第一部分基于高校创新信息采集报表数据，反映2020年度高校产学研合作创新状况；第二部分基于高校教师参与创新情况调查数据，反映高校教师在创新人才培养、多元合作创新、科技成果转化与扩散等方面的情况；第三部分基于高校学生参与创新情况调查数据，反映高校研究生和本科生在创新活动、创新环境、创新能力提升及创新成果产出方面的情况。

高校创新能力监测既是一项长期的系统性、基础性工作，又是一项起步不久的工作，难免存在很多疏漏和偏差，今后随着全国科技统计工作和创新调查工作的进一步深入发展，将不断调整和完善。

《中国普通高校创新能力监测报告2022》

编辑委员会

二〇二二年九月

目 录
Contents

普通高校创新能力监测框架

我国拥有世界上在校生规模最大的高等教育系统。2020年，全国共有普通高等学校2738所（其中研究生培养机构594个），普通高等教育本专科在校生3285.3万人，研究生在校生310.9万人，教职工266.9万人。普通高校是国家创新体系的重要组成部分，在创新型人才培养、知识创新与传播、产学研合作等方面都发挥着独特的作用。

人才是第一资源。国家科技创新力的根本源泉在于人。2020年9月11日，习近平总书记在科学家座谈会上的讲话中指出，加快解决制约科技创新发展的一些关键问题。他强调要加强创新人才培养，要把教育摆在更加重要位置，全面提高教育质量，注重培养学生创新意识和创新能力。要加强数学、物理、化学、生物等基础学科建设，鼓励具备条件的高校积极设置基础研究、交叉学科相关学科专业，加强基础学科本科生培养，探索基础学科本硕博连读培养模式。要加强高校基础研究，布局建设前沿科学中心，发展新型研究型大学。要尊重人才成长规律和科研活动自身规律，培养造就一批具有国际水平的战略科技人才、科技领军人才、创新团队。要高度重视青年科技人才成长，使他们成为科技创新主力军。

根据高校在整个国家创新体系中的定位及高校自身的职能特征，全面监测普通高校创新能力，需要兼顾人才培养、科学研究和社会服务等多个方面的发展状况。结合往年工作经验及多次专家研讨结果，本着指标涉及面尽量广泛的原则，高校创新调查监测报告分两大部分，共8个维度（一级指标）建立监测框架。

第一部分为统计部分监测指标体系（表0-1），共有5个一级指标，数据主要来源于各类公开的统计数据。

1.高校基本情况

高校基本情况主要是指普通高校创新载体和人员的数量，包括普通高校数量、普通高校R&D机构数量、专任教师数量与结构等方面。

2.创新人才培养

创新人才是创新发展的根本。人才培养是高校三大职能之一，同时高校在国家创新体系中也肩负着培养和输送创新型人才的重要使命。这个维度主要包括普通高校专科、本科、研究生在校生人数，理工农医类专科、本科、研究生在校生人数，参与课题研究的在校研究生数量及占比等方面。

3.高校研发投入

人力和经费投入及重要科研平台建设是高校开展研发活动的基础与保障。这个维度主要包括R&D人员数量与结构、R&D人员类型、R&D经费内部支出、R&D经费内部支出类型、R&D经费来源等，以及国家级科研平台的有关情况。

4.科技成果及转化

科技成果是科技创新活动的结晶，科技成果转化为现实生产力是创新驱动发展的本质要求。这一维度主要包括科研成果、科研成果转化与扩散等方面。

5.国际交流与合作

国际交流合作是当前科技创新发展的大势所趋，通过国际合作能够提升科技创新的数量、质量及影响。这个维度主要包括国际合作课题、国际合作人员和经费投入及国际学术交流等方面。

在高校创新能力监测指标体系中，部分二级指标做了不同类型、不同学科、不同层次、不同地区、不同国家的比较，相关数据主要来源于公开的统计数据及数据库。

表0-1　普通高校创新能力监测指标体系（统计部分）

一级指标	二级指标
1. 高校基本情况	1.1 普通高校数量（所）
	1.2 普通高校R&D机构数量（个）
	1.3 专任教师数量（万人）
	1.4 专任教师拥有高级职称占比（%）
	1.5 专任教师拥有博士学位占比（%）
	1.6 女性专任教师占比（%）
2. 创新人才培养	2.1 专科在校生人数（万人）
	2.2 理工农医专科在校生人数（万人）
	2.3 本科在校生人数（万人）
	2.4 理工农医本科在校生人数（万人）
	2.5 研究生在校生人数（万人）
	2.6 理工农医研究生在校生人数（万人）
	2.7 参与课题研究的在校研究生数量（万人）
	2.8 参与课题研究的在校研究生占比（%）
3. 高校研发投入	3.1 R&D人员（万人）
	3.2 R&D人员占全国的比例（%）
	3.3 女性R&D人员占比（%）
	3.4 硕博学位R&D人员占比（%）
	3.5 R&D人员全时当量（万人年）
	3.6 R&D人员全时当量占全国的比例（%）
	3.7 R&D经费内部支出（亿元）
	3.8 R&D经费内部支出占全国比重（%）
	3.9 R&D人员人均经费（万元）
	3.10.1 基础研究占R&D经费内部支出比例（%）
	3.10.2 应用研究占R&D经费内部支出比例（%）
	3.10.3 试验发展占R&D经费内部支出比例（%）
	3.11.1 R&D经费内部支出中来源于政府资金的比例（%）
	3.11.2 R&D经费内部支出中来源于企业资金的比例（%）
	3.11.3 R&D经费内部支出中来源于国外资金的比例（%）
	3.11.4 R&D经费内部支出中来源于其他资金的比例（%）
	3.12 R&D课题经费（亿元）

续表

一级指标	二级指标
4. 科技成果及转化	4.1 科技论文数量（万篇）
	4.2 科技论文数量占全国的比例（%）
	4.3 被SCI收录论文数量（万篇）
	4.4 被SCI收录论文数量占全国的比例（%）
	4.5 专利申请数量（万件）
	4.6 专利申请数量占全国的比例（%）
	4.7 发明专利申请数量占全国的比例（%）
	4.8 发明专利申请数量占专利申请数的比例（%）
	4.9 专利授权数量（万件）
	4.10 专利授权数量占全国的比例（%）
	4.11 发明专利授权数量占全国的比例（%）
	4.12 发明专利授权数量占专利授权数的比例（%）
	4.13 技术市场成交合同数量（万项）
	4.14 技术市场成交合同数量占全国的比例（%）
	4.15 技术市场成交合同金额（亿元）
	4.16 技术市场成交合同金额占全国的比例（%）
	4.17 专利所有权转让及许可数量（项）
	4.18 专利所有权转让及许可收入（亿元）
	4.19 企业委托R&D课题数（万项）
	4.20 企业委托R&D课题经费（亿元）
	4.21 参与企业委托R&D课题人员数量（万人年）
5. 国际交流与合作	5.1 与境外合作的R&D课题数（项）
	5.2 与境外合作的R&D课题数占比（%）
	5.3 与境外合作的R&D课题人员投入数（人年）
	5.4 与境外合作的R&D课题人员投入占比（%）
	5.5 与境外合作的R&D课题经费投入（亿元）
	5.6 与境外合作的R&D课题经费投入占比（%）
	5.7 国际合作研究派遣人员（人次）
	5.8 国际合作研究接受人员（人次）
	5.9 国际学术会议出席人员（人次）
	5.10 国际学术会议交流论文（篇）
	5.11 国际学术会议特邀报告（篇）
	5.12 国际学术会议主办（次）

第二部分为调查部分监测指标（表0–2），共有3个维度，内容包括高校产学研合作创新、高校教师参与创新情况及高校学生参与创新情况。数据主要来源于普通高校创新调查数据，其中高校产学研合作创新使用“普通高校创新信息采集报表”采集的学校层面全口径补充统计数据，高校教师参与创新情况和高校学生参与创新情况使用“普通本科高校学生创新情况调查问卷”采集的人员层面抽样调查数据。

1.高校产学研合作创新

随着高校功能从人才培育、科学研究到社会服务的延伸，高等教育、科技、经济一体化的趋势越来越强。产学研合作是企业、科研院所和高等学校之间的合作，其实质是促进技术创新所需各种生产要素的有效组合。该维度的指标内容主要包括产学研合作培养人才、产学研合作开展科研、产学研合作进行科研成果转化与扩散等方面。

2.高校教师参与创新情况

高校教师既参与科技创新活动，又承担着创新人才培养的任务，是高校创新活动的主力，同时也是科教融合的重要媒介。该维度的指标内容主要包括教师对教学、科研和社会服务活动的投入，对教学科研关系的态度，吸纳本科生、研究生参与科研的情况，教师个人承担横向、纵向课题的情况，与企事业单位合作培养学生的情况，与企事业单位合作开展科研的情况及个人科技创新成果转化情况等。

3.高校学生参与创新情况

通过“科教融合”吸纳学生参与科技创新活动，已经成为高校培养创新人才的重要途径。学生，特别是研究生，在高校科研创新活动中扮演着越来越重要的角色。该维度的指标内容主要包括学生发表学术期刊、学术会议论文情况，学生在省部级及以上大赛的获奖情况，学生参与校企合作工作的情况，学生对教师科教融合育人的看法，学生接受科研课题情况，学生接受创新创业教育情况，以及学生参与产学研合作活动情况等。

表0-2　普通高校创新能力监测指标体系（调查部分）

一级指标	指标内容
6. 高校产学研合作创新	6.1 去企业就业的毕业生情况
	6.2 校企共建基地情况
	6.3 校企合作教学情况
	6.4 创新创业教育情况
	6.5 企业设立奖学金情况
	6.6 专任教师企业实践情况
	6.7 校聘兼职教师情况
	6.8 高校服务企业情况
	6.9 校企合作申报纵向科研项目情况
	6.10 校企合作科研成果情况
	6.11 参与创新战略联盟情况
	6.12 企业委托科研项目情况
	6.13 高校设置专门技术转化机构情况
	6.14 高校设置专门技术转化网站情况
	6.15 高校科技成果转化情况
7. 高校教师参与创新情况	7.1 对教学、科研和社会服务活动的投入
	7.2 对教学科研关系的态度
	7.3 吸纳本科生、研究生参与科研的情况
	7.4 承担横向课题的情况
	7.5 承担纵向课题的情况
	7.6 开展协同创新的情况
	7.7 创新成果转化情况
	7.8 对平台和制度设计的评价
8. 高校学生参与创新情况	8.1 学生发表学术期刊、学术会议论文的情况
	8.2 学生参加省部级及以上大赛及获奖情况
	8.3 学生申请专利与获得专利授权的情况
	8.4 学生完成软件设计开发与改进试验情况
	8.5 学生参加学术会议报告的情况
	8.6 学生参与创新创业和科技学术竞赛的情况
	8.7 学生综合能力提升情况
	8.8 学生对教师科教融合育人的看法
	8.9 学生参与科研课题情况
	8.10 学生参与科研工作的兴趣情况
	8.11 学生接受创新创业教育情况
	8.12 学生参与产学研合作活动情况
	8.13 学生对创新人才培养环境的看法

中国普通高校创新能力监测报告2022

统计篇

上 篇

一、高校基本情况

监测结果显示，2020年全国拥有普通高校2738所，其中本科高校1270所，高职专科学校1468所；R&D机构19 988个。全国拥有普通高校专任教师183.0万人，其中拥有高级职称的专任教师占43.3%，拥有博士学位的专任教师占28.0%，女性专任教师占51.2%。

表1–1 普通高校基本情况（2011—2020年）

指标	2011年	2012年	2013年	2014年	2015年	2016年	2017年	2018年	2019年	2020年
1.1 普通高校数量（所）	2409	2442	2491	2529	2560	2596	2631	2663	2688	2738
其中：本科	1129	1145	1170	1202	1219	1237	1243	1245	1265	1270
高职专科	1280	1297	1321	1327	1341	1359	1388	1418	1423	1468
中央所属	111	113	113	113	118	118	119	119	118	118
地方所属*	1602	1623	1661	1689	1708	1737	1766	1784	1802	1837
民办	696	706	717	727	734	741	746	749	756	771
1.2 普通高校R&D机构数量（个）	8630	9225	9842	10 632	11 732	13 062	14 971	16 280	18 379	19 988
1.3 专任教师数量（万人）	139.3	144.0	149.7	153.5	157.3	160.2	163.3	167.3	174.0	183.3
1.4 专任教师拥有高级职称占比（%）	39.8	40.4	41.0	41.5	41.9	42.2	42.8	43.2	43.4	43.3
1.5 专任教师拥有博士学位占比（%）	16.3	17.7	19.1	20.4	21.5	22.9	24.4	25.9	27.3	28.0
1.6 女性专任教师占比（%）	46.9	47.3	47.7	48.1	48.6	49.2	49.8	50.3	50.8	51.2

* 地方所属普通高校是指地方公办普通高校，包括教育部门办、其他部门办和地方企业办3类。

表1-2　分地区普通高校基本情况（2020年）

单位：所

地区	普通高校总数	中央部门	本科院校	高职专科院校
北　京	92	39	67	25
天　津	56	3	30	26
河　北	125	4	61	64
山　西	85	0	34	51
内蒙古	54	0	17	37
辽　宁	114	5	63	51
吉　林	64	2	37	27
黑龙江	80	3	39	41
上　海	63	10	40	23
江　苏	167	10	78	89
浙　江	109	1	60	49
安　徽	120	2	46	74
福　建	89	2	39	50
江　西	105	0	45	60
山　东	152	3	70	82
河　南	151	1	57	94
湖　北	129	8	68	61
湖　南	128	3	52	76
广　东	154	4	67	87
广　西	82	0	38	44
海　南	21	0	8	13
重　庆	68	2	26	42
四　川	132	6	53	79
贵　州	75	0	29	46
云　南	82	1	32	50
西　藏	7	0	4	3
陕　西	96	6	57	39
甘　肃	50	2	22	28
青　海	12	0	4	8
宁　夏	20	1	8	12
新　疆	56	0	19	37

表1-3 分地区普通高校专任教师情况（2020年）

地区	专任教师数量（人）	专任教师拥有高级职称的比例（%）	专任教师拥有硕士学位的比例（%）	专任教师拥有博士学位的比例（%）
北　京	74 138	66.8	21.7	68.1
天　津	34 239	47.9	34.8	38.4
河　北	85 429	42.5	40.9	17.4
山　西	43 642	35.1	41.3	20.5
内蒙古	28 025	44.9	38.3	17.9
辽　宁	64 045	49.0	36.8	30.1
吉　林	41 447	50.4	40.0	30.5
黑龙江	48 858	51.7	37.9	27.5
上　海	47 668	51.8	28.6	58.4
江　苏	126 013	49.6	32.4	38.5
浙　江	70 445	44.7	34.8	37.3
安　徽	65 576	37.8	44.1	21.1
福　建	52 001	44.4	35.8	27.6
江　西	65 300	34.1	35.1	17.0
山　东	124 215	41.5	37.0	26.6
河　南	133 367	33.2	41.2	16.0
湖　北	88 750	48.3	36.4	31.7
湖　南	79 598	40.1	35.8	23.0
广　东	122 350	40.7	37.0	29.7
广　西	53 438	36.6	46.7	16.1
海　南	11 937	42.2	38.6	21.4
重　庆	49 174	40.1	40.4	25.7
四　川	95 439	38.5	39.4	22.0
贵　州	39 418	40.8	37.1	16.4
云　南	43 396	38.1	38.1	16.3
西　藏	2712	41.8	51.8	15.1
陕　西	73 436	46.1	38.3	34.5
甘　肃	31 030	46.2	36.5	20.1
青　海	4883	45.2	25.7	18.0
宁　夏	9129	44.5	41.8	18.9
新　疆	23 884	30.9	44.9	13.5

二、创新人才培养

监测结果显示，2020年，我国普通高校拥有普通专科在校生1459.5万人，其中理工农医865.9万人；本科在校生1825.7万人，其中理工农医909.9万人；普通高校研究生在校生310.9万人，其中理工农医190.2万人。在设有理、工、农、医类教学专业的高校中，参与课题研究的在校研究生达92.0万人，占在校研究生总数的48.4%。

表2-1　普通高校人才培养状况（2011—2020年）

指标	2011年	2012年	2013年	2014年	2015年	2016年	2017年	2018年	2019年	2020年
2.1专科在校生人数（万人）	958.9	964.2	973.6	1006.6	1048.6	1082.9	1105.0	1133.7	1280.7	1459.5
2.2理工农医专科在校生人数（万人）	544.9	553.5	564.0	587.7	614.2	615.0	633.4	659.0	755.8	865.9
2.3本科在校生人数（万人）	1349.7	1427.1	1494.4	1541.1	1576.7	1613.0	1648.6	1697.3	1750.8	1825.7
2.4理工农医本科在校生人数（万人）	674.1	708.8	735.3	757.4	775.2	794.8	814.3	841.0	870.3	909.9
2.5研究生在校生人数（万人）	158.8	167.9	175.0	182.3	188.6	195.5	260.8	270.3	283.5	310.9
2.6理工农医研究生在校生人数（万人）	95.7	101.0	105.7	111.4	115.4	119.8	162.9	165.6	172.6	190.2
2.7 参与课题研究的在校研究生数量（万人）*	46.2	51.3	55.0	57.7	60.3	63.3	67.0	73.3	83.3	92.0
2.8 参与课题研究的在校研究生占比（%）*	48.3	50.8	52.0	51.8	52.3	52.8	41.1	44.3	48.3	48.4

* 仅包括设有理、工、农、医类教学专业的高校。

表2–2　分地区普通高校人才培养情况（2020年）

单位：万人

地区	专科在校生数量	本科在校生数量	研究生在校生数量
北　京	7.3	53.6	41.0
天　津	20.4	36.8	8.3
河　北	73.0	87.5	6.6
山　西	31.5	52.7	4.5
内蒙古	21.6	27.1	3.2
辽　宁	42.9	71.2	14.6
吉　林	22.6	50.1	8.5
黑龙江	26.5	56.0	9.3
上　海	14.1	40.0	22.4
江　苏	84.1	117.4	26.6
浙　江	48.7	66.1	11.6
安　徽	65.8	71.0	8.7
福　建	41.0	53.7	6.9
江　西	63.2	61.0	5.2
山　东	115.4	113.7	14.1
河　南	124.1	125.1	6.9
湖　北	68.3	93.4	20.3
湖　南	72.9	78.2	11.2
广　东	117.8	122.3	15.4
广　西	62.4	56.0	4.8
海　南	10.4	12.6	1.2
重　庆	42.7	48.8	9.0
四　川	80.7	99.4	14.4
贵　州	44.6	39.4	2.9
云　南	46.5	49.9	5.8
西　藏	1.2	2.7	0.3
陕　西	48.8	72.2	17.3
甘　肃	27.4	30.7	5.0
青　海	3.2	4.2	0.7
宁　夏	5.7	8.9	1.0
新　疆	24.8	23.8	3.2

三、高校研发投入

监测结果显示，2020年我国普通高校拥有R&D人员127.4万人，占全国R&D人员的16.9%；女性R&D人员占39.5%，硕博学位的R&D人员占76.1%。普通高校R&D人员全时当量61.5万人年，占全国R&D人员全时当量的11.7%；其中在基础研究中投入28.5万人年，应用研究中投入29.0万人年，试验发展中投入4.1万人年。

表3-1　普通高校R&D人员投入情况（2011—2020年）

指标	2011年	2012年	2013年	2014年	2015年	2016年	2017年	2018年	2019年	2020年
3.1 R&D人员（万人）	63.2	67.8	71.5	76.3	83.9	85.2	91.4	98.4	123.3	127.4
3.2 R&D人员占全国的比例（%）	15.7	14.7	14.2	14.3	15.3	14.6	14.7	15.0	17.3	16.9
3.3 女性R&D人员占比（%）	36.4	37.5	38.7	40.0	41.4	42.1	43.0	43.5	37.5	39.5
3.4 硕博学位R&D人员占比（%）	58.9	61.0	62.5	63.8	66.2	69.8	71.2	72.7	75.1	76.1
3.5 R&D人员全时当量（万人年）	29.9	31.4	32.5	33.5	35.5	36.0	38.2	41.1	56.6	61.5
其中：基础研究	12.9	14.0	14.7	15.5	16.4	16.7	18.1	19.1	26.7	28.5
应用研究	15.0	15.4	15.9	16.1	17.2	17.3	18.3	19.7	25.8	29.0
试验发展	2.0	1.9	1.9	1.9	1.9	2.0	1.9	2.3	4.1	4.1
3.6 R&D人员全时当量占全国的比例（%）	10.4	9.7	9.2	9.0	9.4	9.3	9.5	9.4	11.8	11.7

2020年，全国普通高校R&D经费内部支出1882.5亿元，占全国R&D经费内部支出的7.7%，R&D人员人均经费14.8万元。在普通高校R&D经费内部支出中，基础研究占38.5%，应用研究占51.2%，试验发展占10.3%。在全国普通高校R&D经费来源中，政府资金占59.9%，企业资金占35.4%，国外资金占0.3%，其他资金占4.4%。2020年，全国普通高校R&D课题经费达1202.2亿元。

表3–2　普通高校R&D经费投入情况（2011—2020年）

指标	2011年	2012年	2013年	2014年	2015年	2016年	2017年	2018年	2019年	2020年
3.7 R&D经费内部支出（亿元）	688.8	780.6	856.7	898.1	998.6	1072.2	1266.0	1457.9	1796.6	1882.5
3.8 R&D经费内部支出占全国比重（%）	7.9	7.6	7.2	6.9	7.0	6.8	7.2	7.4	8.1	7.7
3.9 R&D人员人均经费（万元/人）	10.9	11.5	12.0	11.8	11.9	12.6	13.9	14.8	14.6	14.8
3.10.1 基础研究占R&D经费内部支出比例（%）	32.9	35.3	35.9	36.6	39.2	40.3	42.0	40.5	40.2	38.5
3.10.2 应用研究占R&D经费内部支出比例（%）	54.1	51.6	51.5	53.1	51.7	49.3	49.2	48.8	48.9	51.2
3.10.3 试验发展占R&D经费内部支出比例（%）	13.0	13.1	12.6	10.4	9.1	10.4	8.8	10.7	10.9	10.3
3.11.1 R&D经费内部支出中来源于政府资金的比例（%）	58.8	60.7	60.3	59.7	63.8	64.1	63.6	66.7	58.4	59.9
3.11.2 R&D经费内部支出中来源于企业资金的比例（%）	35.3	33.4	33.8	33.7	30.2	29.0	28.5	26.6	26.2	35.4
3.11.3 R&D经费内部支出中来源于国外资金的比例（%）	0.9	0.8	0.6	0.6	0.5	0.6	0.5	0.4	0.3	0.3
3.11.4 R&D经费内部支出中来源于其他资金的比例（%）	5.1	5.1	5.3	6.0	5.5	6.3	7.5	6.4	15.1	4.4
3.12 R&D课题经费（亿元）	535.3	607.3	662.7	701.8	765.6	777.2	877.0	988.8	1154.0	1202.2

注：本报告百分比统计数据均保留一位小数，由于四舍五入，相加可能不等于100%。下同。

表3–3　普通高校R&D课题人员投入按学科分布情况（2011—2020年）

单位：人年

学科	2011年	2012年	2013年	2014年	2015年	2016年	2017年	2018年	2019年	2020年
数学	5093	5374	5890	6353	6449	6277	6124	6319	9165	9674
信息科学与系统科学	3648	3156	3459	3772	4091	4442	4748	4885	7561	8654
力学	1161	1477	1427	1611	1347	1405	1727	1823	3707	3818
物理学	6124	6818	7156	7303	7202	7300	7694	8101	14 424	15 296
化学	9668	9651	10 355	10 577	10 792	10 548	11 518	11 407	17 909	19 659
天文学	148	168	127	218	215	202	219	237	483	556
地球科学	5272	6150	6301	6596	7118	6637	6971	7080	12 931	13 852
生物学	10 683	10 849	11 634	11 384	11 587	12 047	12 336	12 606	20 240	22 257
心理学	101	136	186	1357	215	302	335	334	2192	2079
农学	7764	8862	8207	7998	8405	9557	9888	9178	14 684	15 028
林学	2416	2216	2179	2285	2287	2447	2515	2575	3656	3523
畜牧、兽医科学	3087	3006	3128	3150	2838	3383	3483	3633	5085	5807
水产学	935	938	1098	1215	1281	1194	1126	1356	1570	1730
基础医学	12 813	12 899	14 440	14 259	14 932	15 415	16 171	19 366	23 072	26 557
临床医学	39 183	40 279	40 127	43 330	43 694	43 467	47 666	53 319	69 327	77 816
预防医学与卫生学	2105	1973	1838	1909	2150	2001	2305	2365	4866	4101
军事医学与特种医学	91	112	119	80	56	68	91	91	159	243
药学	3547	3430	3738	4162	4093	4586	4780	5684	7377	7978
中医学与中药学	11 705	11 855	13 654	12 223	12 541	12 153	13 433	14 959	18 965	19 899
工程与技术科学基础学科	1959	1394	1504	2211	1819	2092	2299	2410	4681	5205
信息与系统科学相关工程与技术	1302	1887	1985	2555	2527	2908	3638	4132	6931	7676
自然科学相关工程与技术	784	754	1075	1176	1342	1773	2167	1998	4268	4964
测绘科学技术	767	785	904	912	1129	1042	1134	1249	2264	2285
材料科学	10 227	785	10 495	11 321	11 724	12 806	13 341	14 000	23 505	25 348
矿山工程技术	3667	3472	3655	3243	3111	3359	3472	3446	4934	5319
冶金工程技术	951	1191	1254	1053	1100	1114	1266	1548	2182	2514
机械工程	12 050	11 386	11 092	11 546	12 301	12 948	13 339	14 512	23 037	24 680
动力与电气工程	5242	5615	5558	5978	6437	6493	7128	7527	13 548	13 814
能源科学技术	2406	2387	2430	3194	2506	2285	2415	2420	4493	5767
核科学技术	433	612	497	586	524	568	582	494	1269	1264

续表

学科	2011年	2012年	2013年	2014年	2015年	2016年	2017年	2018年	2019年	2020年
电子、通信与自动控制技术	13 000	13 092	12 560	11 653	12 458	12 634	12 208	12 659	23 435	25 448
计算机科学技术	10 715	11 813	11 528	12 138	12 695	12 814	13 878	15 289	22 875	26 261
化学工程	5570	5753	5748	5718	5912	5963	6397	6580	8764	9190
产品应用相关工程与技术	302	604	567	531	600	727	713	776	1965	1165
纺织科学技术	1036	1044	1060	929	879	1049	1222	1233	1527	1545
食品科学技术	2309	2562	2738	2984	3036	3115	3594	4196	5847	6665
土木建筑工程	6941	6921	7580	8032	9111	9487	10 444	10 997	16 056	17 414
水利工程	1864	1864	1752	1781	1684	1975	2031	2037	3597	3662
交通运输工程	4533	4124	4646	4933	4805	4948	4826	5216	8847	8617
航空、航天科学技术	1720	2091	2350	1729	2189	2120	2058	1911	3929	5351
环境科学技术	6325	6238	7209	6935	7609	7622	7852	8500	13 157	14 060
安全科学技术	547	648	611	711	826	824	898	903	2065	2076
管理学	17 694	19 703	20 359	19 819	23 885	22 834	22 750	24 822	29 450	32 378
马克思主义	2345	2695	2976	3350	4037	4336	4852	5784	6381	7497
哲学	1403	1452	1505	1599	1622	1598	1512	1654	1686	1797
宗教学	232	262	250	290	336	291	291	300	278	305
语言学	5351	5989	6152	6435	7172	6821	6812	7205	7302	7360
文学	4131	4643	4753	4864	5305	4901	5094	5426	5603	5844
艺术学	5430	6077	6383	6795	8010	8225	9332	10 489	11 275	12 260
历史学	2155	2443	2369	2497	2664	2360	2550	2816	2910	3110
考古学	244	259	254	291	336	307	353	421	458	512
经济学	12 082	13 046	12 675	13 073	14 357	13 914	14 111	14 921	14 105	15 007
政治学	1919	2031	2128	2205	2416	2309	2413	2595	2572	2751
法学	4504	4980	5100	5277	5698	5551	5797	5894	6000	6565
军事学	2	122	15	6	22	21	12	10	—	—
社会学	4073	4496	4806	5050	5562	5537	5906	6256	6052	6209
民族学	833	1118	1300	1495	1773	1888	2129	2162	2135	2345
新闻学与传播学	1549	1723	1831	1966	2139	2180	2535	2573	2635	3074
图书馆、情报与文献学	1583	1735	1773	1808	1924	1737	1812	1873	1813	1890
教育学	9312	10 308	10 823	11 423	14 140	15 582	16 971	18 781	18 637	21 107
体育科学	3349	3780	4118	3886	4188	4043	4116	4479	4573	4772
统计学	508	658	754	834	957	966	954	972	948	1022
其他	123	175	310	273	315	342	1654	1966	—	—

表3-4 分地区普通高校R&D人员情况（2020年）

地区	R&D人员（人）	硕博学位R&D人员比例（%）	女性R&D人员比例（%）
北 京	123 428	79.8	32.4
天 津	32 239	78.4	38.0
河 北	40 883	74.3	52.9
山 西	25 212	75.1	47.0
内蒙古	10 436	74.9	50.6
辽 宁	50 468	77.9	44.2
吉 林	44 308	76.9	42.8
黑龙江	34 001	78.2	37.9
上 海	73 285	76.2	32.5
江 苏	92 192	80.8	36.1
浙 江	69 252	79.2	42.4
安 徽	45 131	75.1	36.0
福 建	43 676	73.6	42.3
江 西	21 374	75.5	40.4
山 东	72 391	76.5	42.6
河 南	40 477	75.9	48.6
湖 北	53 284	75.9	36.0
湖 南	53 418	72.4	41.3
广 东	85 733	76.7	38.3
广 西	36 346	70.7	44.5
海 南	5570	71.2	46.5
重 庆	33 040	75.5	40.0
四 川	62 951	71.0	36.7
贵 州	18 315	68.6	43.2
云 南	25 194	66.8	47.7
西 藏	1360	74.0	39.8
陕 西	48 585	78.5	32.5
甘 肃	15 945	74.8	36.4
青 海	1676	74.6	41.9
宁 夏	3696	71.5	47.1
新 疆	10 060	71.6	47.0

表3-5　分地区普通高校R&D人员全时当量（2020年）

地区	R&D人员全时当量（人年）	基础研究人员的占比（%）	应用研究人员的占比（%）	试验发展人员的占比（%）	研究人员占R&D人员的比例（%）
北　京	68 308	42.4	53.4	4.2	91.5
天　津	17 167	40.5	45.8	13.7	91.0
河　北	15 654	42.5	54.4	3.1	90.9
山　西	11 973	56.4	39.2	4.4	84.6
内蒙古	4487	35.4	56.3	8.4	93.7
辽　宁	25 234	47.6	49.3	3.2	92.2
吉　林	22 560	55.1	40.6	4.3	88.2
黑龙江	21 290	49.8	48.4	1.8	91.6
上　海	45 288	53.8	39.6	6.7	86.0
江　苏	44 771	47.3	43.1	9.5	95.2
浙　江	28 851	43.2	52.7	4.1	88.5
安　徽	23 928	51.4	44.3	4.3	88.1
福　建	18 997	20.2	74.2	5.6	86.4
江　西	8461	66.8	30.8	2.4	85.9
山　东	34 462	48.8	43.0	8.2	89.0
河　南	14 863	40.9	48.2	10.9	84.9
湖　北	26 555	37.1	53.4	9.6	89.2
湖　南	24 103	44.4	51.0	4.6	87.1
广　东	39 633	48.6	47.1	4.3	85.4
广　西	14 561	50.1	39.0	10.8	83.7
海　南	2007	47.3	48.4	4.4	86.4
重　庆	12 644	40.8	52.8	6.5	88.6
四　川	29 463	37.8	51.6	10.6	87.2
贵　州	6509	59.1	36.6	4.3	89.5
云　南	10 772	62.5	34.7	2.8	81.6
西　藏	435	66.7	32.1	1.2	73.2
陕　西	27 730	49.3	34.4	16.3	93.3

续表

地区	R&D人员全时当量（人年）	基础研究人员的占比（%）	应用研究人员的占比（%）	试验发展人员的占比（%）	研究人员占R&D人员的比例（%）
甘 肃	7642	49.2	46.6	4.2	93.7
青 海	731	44.7	53.8	1.5	89.1
宁 夏	1824	52.2	43.3	4.5	84.9
新 疆	3862	53.9	42.8	3.3	86.7

表3-6　分地区普通高校R&D经费内部支出及结构（2020年）

地区	R&D经费内部支出（亿元）	R&D人员人均经费（万元）	基础研究占R&D经费内部支出比例（%）	应用研究占R&D经费内部支出比例（%）	试验发展占R&D经费内部支出比例（%）
北 京	262.4	21.3	33.7	58.1	8.2
天 津	57.1	17.7	45.8	41.5	12.7
河 北	29.8	7.3	34.5	62.2	3.3
山 西	17.7	7.0	50.8	44.2	4.9
内蒙古	7.0	6.7	25.2	65.7	9.1
辽 宁	69.8	13.8	30.1	62.4	7.5
吉 林	29.0	6.5	47.2	44.2	8.6
黑龙江	56.0	16.5	30.5	67.4	2.1
上 海	144.3	19.7	49.4	42.1	8.5
江 苏	154.0	16.7	36.7	50.1	13.2
浙 江	103.6	15.0	39.9	54.6	5.5
安 徽	80.1	17.7	49.8	41.7	8.4
福 建	60.6	13.9	22.7	67.0	10.3
江 西	24.9	11.6	57.4	34.8	7.8
山 东	76.7	10.6	36.8	51.6	11.7
河 南	46.5	11.5	31.7	49.5	18.8
湖 北	94.0	17.6	27.3	53.9	18.8
湖 南	81.7	15.3	30.1	62.6	7.3
广 东	202.9	23.7	48.3	43.5	8.2
广 西	19.1	5.3	40.3	32.0	27.8
海 南	4.6	8.3	42.5	50.1	7.4

续表

地区	R&D经费内部支出（亿元）	R&D人员人均经费（万元）	基础研究占R&D经费内部支出比例（%）	应用研究占R&D经费内部支出比例（%）	试验发展占R&D经费内部支出比例（%）
重　庆	48.6	14.7	32.4	54.2	13.4
四　川	85.2	13.5	32.8	53.4	13.8
贵　州	18.0	9.8	48.1	40.9	11.0
云　南	20.8	8.3	56.8	35.0	8.2
西　藏	0.7	5.2	65.5	32.3	2.3
陕　西	61.6	12.7	39.7	39.1	21.2
甘　肃	12.8	8.0	40.5	54.9	4.5
青　海	1.7	9.9	33.4	62.9	3.7
宁　夏	6.2	16.9	37.3	55.1	7.7
新　疆	5.1	5.0	49.0	44.9	6.1

表3-7　分地区普通高校R&D经费来源结构（2020年）

单位：%

地区	政府资金比例	企业单位资金比例	国外资金比例	其他资金比例
北　京	64.4	31.2	1.7	2.7
天　津	46.7	49.1	0.0	4.1
河　北	54.8	40.2	0.0	5.0
山　西	60.3	33.6	0.0	6.0
内蒙古	74.1	16.6	0.0	9.2
辽　宁	45.1	51.3	0.2	3.3
吉　林	65.1	28.8	0.2	5.8
黑龙江	63.8	34.8	0.1	1.3
上　海	64.7	32.6	0.3	2.4
江　苏	52.1	45.7	0.1	2.1
浙　江	58.2	38.1	0.3	3.5
安　徽	64.1	30.5	0.1	5.3
福　建	61.4	33.3	0.1	5.3
江　西	57.7	37.8	0.1	4.5
山　东	60.1	35.5	0.2	4.3

续表

地区	政府资金比例	企业单位资金比例	国外资金比例	其他资金比例
河　南	54.4	34.9	0.0	10.6
湖　北	63.4	34.7	0.2	1.7
湖　南	61.2	34.7	0.0	4.0
广　东	66.7	26.8	0.1	6.4
广　西	75.5	15.9	0.0	8.6
海　南	72.7	18.3	0.0	9.0
重　庆	46.1	45.3	0.0	8.6
四　川	47.3	47.1	0.2	5.3
贵　州	68.3	19.8	0.0	11.9
云　南	78.7	10.8	0.0	10.6
西　藏	83.3	10.4	0.0	6.3
陕　西	55.7	39.3	0.1	4.9
甘　肃	54.4	42.3	0.1	3.2
青　海	82.0	17.1	0.0	0.8
宁　夏	74.6	16.9	0.0	8.5
新　疆	78.1	14.5	0.0	7.4

表3-8　分地区普通高校R&D课题经费（2020年）

地区	R&D课题经费（亿元）	平均每项课题经费（万元）
北　京	213.9	17.5
天　津	23.5	8.0
河　北	14.4	4.5
山　西	10.8	5.5
内蒙古	5.4	4.7
辽　宁	48.5	12.1
吉　林	18.8	5.8
黑龙江	49.4	21.0
上　海	97.2	13.7
江　苏	104.0	11.3
浙　江	66.2	7.9
安　徽	38.1	8.2

续表

地区	R&D课题经费（亿元）	平均每项课题经费（万元）
福　建	25.4	5.1
江　西	12.9	4.5
山　东	46.7	7.1
河　南	22.4	5.6
湖　北	58.7	10.4
湖　南	38.3	6.6
广　东	109.6	10.9
广　西	14.3	4.6
海　南	3.2	6.0
重　庆	21.5	6.5
四　川	66.9	8.9
贵　州	8.4	4.1
云　南	11.2	5.3
西　藏	0.6	4.1
陕　西	54.5	8.2
甘　肃	8.6	6.1
青　海	1.6	12.3
宁　夏	3.0	5.7
新　疆	4.1	4.1

表3-9　按学校规格、隶属分普通高校R&D人员全时当量占比（2011—2020年）

单位：%

院校类型		2011年	2012年	2013年	2014年	2015年	2016年	2017年	2018年	2019年	2020年
学校规格	“211工程”院校及省部共建高校	44.5	42.9	42.8	43.1	42.4	41.2	40.2	45.9	49.8	37.9
	其他本科高校	52.7	54.0	54.3	53.5	53.1	53.9	54.1	47.1	45.8	56.2
	高等专科学校	2.7	3.0	2.9	3.4	4.5	4.9	5.6	7.0	4.3	5.8
学校隶属	部委院校	5.4	5.6	5.4	5.2	5.1	5.0	4.2	4.8	7.0	4.7
	教育部直属院校	32.9	30.5	30.7	31.4	31.1	30.1	30.2	32.7	36.8	27.2
	地方院校	61.7	63.9	63.9	63.4	63.9	64.9	65.6	62.5	56.2	68.1

注：仅包括设有理、工、农、医类教学专业的高校。

表3-10　按学校规格、隶属与类型分普通高校R&D经费来源结构（2020年）

单位：%

院校类型		政府资金比例	企业单位资金比例	其他资金比例
学校规格	“211工程”院校及省部共建高校	67.6	28.1	4.3
	其他本科高校	59.9	23.6	16.5
	高等专科学校	42.7	27.5	29.9
学校隶属	部委院校	68.2	28.3	3.5
	教育部直属院校	67.3	29.0	3.7
	地方院校	60.5	23.4	16.1
学校类型	综合大学	68.8	22.2	9.0
	理工院校	58.6	34.7	6.7
	农林院校	79.3	14.9	5.8
	医药院校	73.2	8.2	18.6
	师范院校	61.5	18.3	20.2
	其他	58.4	18.4	23.2

注：仅包括设有理、工、农、医类教学专业的高校。

表3-11　按学校规格、隶属与类型分普通高校R&D经费支出结构（2020年）

单位：%

院校类型		基础研究比例	应用研究比例	试验发展比例
学校规格	“211工程”院校及省部共建高校	37.6	50.0	12.4
	其他本科高校	34.4	53.7	11.9
	高等专科学校	12.9	75.5	11.6
学校隶属	部委院校	27.8	61.6	10.6
	教育部直属院校	40.2	47.1	12.7
	地方院校	35.2	52.3	12.5
学校类型	综合大学	43.9	44.5	11.6
	理工院校	29.0	57.1	13.9
	农林院校	36.5	55.5	8.0
	医药院校	52.0	40.6	7.4
	师范院校	51.0	38.7	10.3
	其他	32.7	62.1	5.2

注：仅包括设有理、工、农、医类教学专业的高校。

表3-12　部分国家高校R&D人员、研究人员全时当量及占比情况（2020年）

国家	高校R&D人员全时当量（万人年）	高校R&D人员全时当量占本国R&D人员全时当量的比重（%）	高校研究人员占高校R&D人员全时当量的比重（%）
中　国	61.5	11.7	89.0
日　本	21.2	23.3	64.2
英　国	18.9	39.8	91.1
德　国	15.3	20.8	77.5
法　国	12.2	25.9	69.5
俄罗斯	11.0	14.6	71.9
西班牙	8.4	36.4	79.7
意大利	8.3	23.7	66.9
韩　国	7.8	14.2	57.8
荷　兰	3.6	22.3	66.4
丹　麦	2.2	36.0	75.5
瑞　典	2.2	22.6	86.2
奥地利	1.9	23.7	77.3
芬　兰	1.7	31.9	77.7

注：高校R&D人员全时当量来源于OECD统计数据，高校R&D人员全时当量占本国R&D人员全时当量的比重、高校研究人员占高校R&D人员全时当量的比重根据OECD统计数据计算得到。

英国数据为2019年数据。

表3-13　部分国家高校R&D经费及占本国R&D经费的比重情况（2020年）

国家	高校R&D经费（亿本国货币）	按购买力平价计算的高校R&D经费（亿美元）	高校R&D经费占本国R&D经费的比重（%）
美　国	811.1	811.1	11.3
中　国	1882.5	449.8	7.7
德　国	192.6	260.9	18.2
日　本	20 619.4	203.7	11.7
法　国	109.6	150.7	20.2
英　国	90.7	131.8	23.5
加拿大	154.1	123.7	41.2
韩　国	83 533.5	101.3	9.0
意大利	60.2	90.7	23.7

续表

国家	高校R&D经费（亿本国货币）	按购买力平价计算的高校R&D经费（亿美元）	高校R&D经费占本国R&D经费的比重（%）
西班牙	42.0	67.0	26.7
荷　兰	49.0	64.3	27.1
瑞　典	406.8	46.5	23.1
俄罗斯	1156.7	47.2	9.9
奥地利	27.7	36.3	22.8
丹　麦	238.7	36.0	34.6
芬　兰	17.0	20.2	24.6

注：为了便于各国经费横向比较，除了以本国货币统计的高校R&D经费，这里还采用了用购买力平价（PPP）计算的高校R&D经费，这与直接根据各国R&D经费本币支出和汇率计算的结果有所不同。

数据来源于OECD统计数据。英国数据为2019年数据。

表3-14　部分国家高校R&D经费按活动类型分的占比情况

单位：%

国家	基础研究占比	应用研究占比	试验发展占比
法国（2019年）	67.1	27.3	5.6
美国（2020年）	62.8	27.9	9.3
意大利（2019年）	56.1	33.8	10.2
日本（2020年）	55.1	35.8	9.2
奥地利（2019年）	52.8	38.5	8.7
西班牙（2019年）	49.3	37.5	13.2
丹麦（2020年）	40.9	45.3	13.8
俄罗斯（2020年）	39.5	47.2	13.2
中国（2020年）	38.5	51.2	10.3
韩国（2020年）	37.5	30.8	31.8
英国（2019年）	33.3	52.0	14.7

注：数据根据OECD统计数据计算得到。

表3-15　部分国家高校R&D经费占GDP比例情况（2011—2020年）

单位：%

国家	2011年	2012年	2013年	2014年	2015年	2016年	2017年	2018年	2019年	2020年
瑞　典	0.84	0.88	0.89	0.90	0.86	0.87	0.84	0.84	0.80	0.82
奥地利	0.68	0.72	0.72	0.73	0.72	0.69	0.69	0.69	0.68	0.73
芬　兰	0.72	0.73	0.70	0.72	0.70	0.68	0.69	0.70	0.71	0.72
澳大利亚	0.59	0.63	0.62	0.62	0.57	0.62	0.61	0.62	0.64	—
荷　兰	0.61	0.61	0.62	0.63	0.64	0.61	0.61	0.59	0.60	0.62
德　国	0.50	0.51	0.51	0.51	0.51	0.53	0.53	0.55	0.55	0.57
法　国	0.46	0.46	0.47	0.50	0.50	0.46	0.46	0.45	0.44	0.48
英　国	0.43	0.42	0.43	0.42	0.41	0.40	0.39	0.40	0.40	—
美　国	0.40	0.38	0.37	0.36	0.36	0.36	0.37	0.36	0.37	0.39
日　本	0.43	0.43	0.45	0.42	0.40	0.38	0.38	0.37	0.38	0.38
韩　国	0.36	0.37	0.37	0.37	0.36	0.36	0.36	0.37	0.38	0.43
中　国	0.14	0.14	0.14	0.14	0.14	0.14	0.15	0.16	0.18	0.19
俄罗斯	0.09	0.10	0.09	0.10	0.11	0.10	0.10	0.10	0.11	0.11

注：数据来源于OECD统计数据。

四、科技成果及转化

监测结果显示，2020年，我国普通高校发表科技论文29.9万篇，占全国发表科技论文总数的66.2%。被SCI收录论文42.8万篇，占全国被SCI收录论文总数的85.4%。2020年，我国普通高校申请专利41.9万件，占全国专利申请总数的8.4%；高校专利授权30.4万件，占全国专利授权总数的8.6%。其中，高校发明专利申请数占高校专利申请总数的53.9%，占全国发明专利申请数的16.8%；高校发明专利授权数占高校专利授权总数的39.1%，占全国发明专利授权总数的26.9%。普通高校签订技术市场成交合同9.1万项，占全国技术市场成交合同总数的16.5%；技术市场成交合同金额561.0亿元，占全国技术市场成交合同金额的2.0%。专利所有权转让及许可15 288项，专利所有权转让及许可收入24.8亿元。

表4-1　普通高校科技创新成果及转化情况（2011—2020年）

指标	2011年	2012年	2013年	2014年	2015年	2016年	2017年	2018年	2019年	2020年
4.1 科技论文数量（万篇）	33.6	33.7	33.1	32.1	31.9	32.0	31.2	30.1	22.1	29.9
4.2 科技论文数量占全国的比例（%）	63.4	64.4	64.0	64.4	64.6	64.8	66.0	66.3	49.4	66.2
4.3 被SCI收录论文数量（万篇）	11.3	13.1	16.1	19.5	22.0	24.1	27.3	32.0	38.7	42.8
4.4 被SCI收录论文数量占全国的比例（%）	83.2	82.8	83.7	83.0	82.8	83.1	84.4	85.1	85.9	85.4
4.5 专利申请数量（万件）	11.0	13.3	16.8	18.4	23.5	31.5	33.6	40.7	43.1	41.9
4.6 专利申请数量占全国的比例（%）	7.3	6.9	7.5	8.3	8.9	9.5	9.5	9.8	10.3	8.4
4.7 发明专利申请数量占全国的比例（%）	15.2	14.1	14.0	14.0	13.8	14.4	14.4	16.3	19.4	16.8

续表

指标	2011年	2012年	2013年	2014年	2015年	2016年	2017年	2018年	2019年	2020年
4.8 发明专利申请数量占专利申请数的比例（%）	57.2	57.1	58.8	60.9	56.8	55.0	53.5	55.6	56.8	53.9
4.9 专利授权数量（万件）	5.6	7.7	8.5	9.2	13.6	15.0	17.0	19.4	21.8	30.4
4.10 专利授权数量占全国的比例（%）	6.4	6.6	6.9	7.6	8.5	9.2	9.9	8.8	8.8	8.6
4.11 发明专利授权数量占全国的比例（%）	23.7	23.5	23.2	23.6	21.7	20.6	23.1	25.3	25.3	26.9
4.12 发明专利授权数量占专利授权的比例（%）	47.1	43.8	39.2	41.4	42.0	41.6	44.4	38.6	41.9	39.1
4.13 技术市场成交合同数量（万项）	5.0	5.8	6.4	5.4	5.7	6.0	7.0	7.6	10.2	9.1
4.14 技术市场成交合同数量占全国的比例（%）	19.4	20.5	21.8	18.3	18.6	18.7	19.0	18.5	21.1	16.5
4.15 技术市场成交合同金额（亿元）	248.8	294.0	329.5	315.1	314.3	360.0	355.8	453.2	592.9	561.0
4.16 技术市场成交合同金额占全国的比例（%）	5.2	4.6	4.4	3.7	3.2	3.2	2.7	2.6	2.6	2.0
4.17 专利所有权转让及许可数量（项）	2203	2380	2344	2293	2786	4839	5942	6265	9330	15 288
4.18 专利所有权转让及许可收入（亿元）	4.7	4.4	4.4	5.4	6.7	12.2	19.6	19.0	15.6	24.8
4.19 企业委托R&D课题数（万项）	13.9	14.9	15.8	17.0	18.0	19.1	20.7	23.9	28.6	32.2
4.20 企业委托R&D课题经费（亿元）	247.7	208.4	230.1	245.5	244.5	247.0	274.1	302.5	352.8	381.0
4.21 参与企业委托R&D课题人员数量（万人年）	5.9	6.1	6.1	6.4	6.5	6.9	7.1	8.0	12.3	13.9

表4-2 分地区普通高校科技创新产出（2020年）

地区	发表科技论文数量（篇）	专利申请数量（件）	有效发明专利数量（件）	形成国家或行业标准数量（项）	专利所有权转让与许可数量（件）	专利所有权转让与许可收入（万元）
北　京	126 570	19 575	66 823	351	943	27 943
天　津	34 443	6875	12 069	1	327	9956
河　北	34 938	7378	7866	49	480	2734
山　西	26 231	3792	5913	2	267	1210
内蒙古	13 677	1638	1369	22	7	304
辽　宁	57 833	12 675	17 735	9	390	9552
吉　林	37 098	6804	7850	2	109	8894
黑龙江	43 556	6619	19 278	1	213	1264
上　海	100 327	15 671	31 493	22	604	21 571
江　苏	146 721	49 749	64 877	41	4227	24 767
浙　江	60 978	22 591	39 636	104	1472	16 876
安　徽	44 636	14 536	12 296	20	600	2237
福　建	29 919	7782	11 584	24	175	2014
江　西	27 881	8178	5063	22	190	1841
山　东	80 430	17 130	31 485	44	885	30 639
河　南	52 537	15 765	11 493	42	358	3316
湖　北	81 914	15 616	25 533	12	677	12 643
湖　南	63 375	15 069	16 449	89	328	10 585
广　东	120 957	23 378	27 405	83	640	25 603
广　西	27 754	7973	7262	5	180	1073
海　南	5588	2097	525	0	10	126
重　庆	37 183	10 513	9498	11	508	3754
四　川	78 864	13 550	18 232	60	374	7183
贵　州	21 372	4183	2100	3	31	797
云　南	22 477	4634	5253	11	31	294
西　藏	1126	75	22	1	0	0
陕　西	76 509	20 001	30 057	19	1078	20 187
甘　肃	17 521	3386	2079	9	151	428
青　海	3848	597	154	0	2	5
宁　夏	6021	708	400	0	27	516
新　疆	11 648	1822	1104	0	4	11

表4-3 不同规格、隶属与类型学校在普通高校科技成果中的占比（2020年）

单位：%

院校分类		发表学术论文	发表国际论文	专利申请	发明专利申请	专利授权	发明专利授权
学校规格	“211工程”院校及省部共建高校	48.9	61.3	35.8	49.7	36.0	59.8
	其他本科高校	45.2	38.0	49.4	44.6	48.8	37.1
	高等专科学校	5.8	0.6	14.9	5.7	15.3	3.1
学校隶属	部委院校	7.6	8.6	4.8	7.3	4.6	8.6
	教育部直属院校	34.8	45.2	25.1	35.8	26.2	44.9
	地方院校	57.6	46.2	70.1	56.9	69.2	46.5
学校类型	综合大学	31.7	38.4	30.3	32.2	29.7	32.7
	理工院校	39.8	38.8	49.6	54.3	48.2	54.5
	农林院校	5.6	5.3	5.3	4.2	6.5	4.6
	医药院校	15.5	9.9	6.3	3.3	6.3	2.5
	师范院校	5.9	6.5	5.8	4.8	6.4	4.6
	其他	1.5	1.0	2.7	1.3	2.8	1.1

注：仅包括设有理、工、农、医类教学专业的高校。

表4-4 不同规格、隶属与类型学校在普通高校技术成果转让中的占比（2020年）

单位：%

院校分类		专利出售合同数	专利出售合同金额	专利出售当年实际收入	技术转让合同数	技术转让合同金额	技术转让当年实际收入
学校规格	“211工程”院校及省部共建高校	34.5	75.3	60.7	31.2	70.3	52.4
	其他本科高校	56.2	24.4	38.3	59.5	29.1	46.3
	高等专科学校	9.3	0.3	0.9	9.3	0.6	1.4
学校隶属	部委院校	5.8	8.2	11.3	5.1	6.9	8.2
	教育部直属院校	22.6	64.1	46.4	19.7	59.4	39.5
	地方院校	71.6	27.7	42.3	75.2	33.7	52.2

续表

院校分类		专利出售合同数	专利出售合同金额	专利出售当年实际收入	技术转让合同数	技术转让合同金额	技术转让当年实际收入
学校类型	综合大学	27.2	53.4	38.2	24.2	44.5	31.1
	理工院校	59.9	37.6	49.7	61.1	45.9	55.3
	农林院校	3.5	1.0	2.0	4.6	2.0	3.8
	医药院校	2.1	7.0	7.4	2.1	6.0	5.5
	师范院校	5.9	0.8	2.0	6.5	1.3	3.4
	其他	1.3	0.2	0.7	1.5	0.4	0.9

注：仅包括设有理、工、农、医类教学专业的高校。

表4-5　国内外部分高水平院校校均科研产出数量比较（2011—2020年）

单位：篇

院校类型	2011年	2012年	2013年	2014年	2015年	2016年	2017年	2018年	2019年	2020年
双一流大学A	3204.4	3535.4	3962.9	4310.4	4655.0	4923.9	5313.9	5907.4	6683.2	7486.3
双一流大学B	1253.3	1336.7	1639.0	1797.2	2005.3	2242.0	2398.5	2874.3	3529.2	4233.5
双一流学科	749.6	850.2	996.1	1118.6	1214.7	1333.9	1494.7	1714.7	1985.5	2241.4
中国“C9”院校	5511.9	5984.3	6764.4	7335.9	7909.0	8401.6	8970.3	9882.1	11 035.3	12 481.0
澳大利亚Go8院校	3902.9	4268.4	4760.6	5099.1	5356.9	5600.8	5748.3	6134.9	6395.8	6985.6
美国常青藤联盟院校	6199.4	6592.8	6881.8	7195.1	7336.9	7583.1	7778.6	8100.3	8283.3	9096.1

注：数据来源于Elsevier公司的SciVal科研评价和分析平台，所选择的产出类型为研究论文和综述。该表中，“双一流大学A”为36所双一流建设A类大学，“双一流大学B”为6所双一流建设B类大学，“双一流学科”为91所双一流学科建设大学（有3所两地办学高校在SciVal中有6所高校数据，另有7所缺失数据）。下同。

表4-6　国内外部分高水平院校科研产出学术影响力比较（2011—2020年）

院校类型	2011年	2012年	2013年	2014年	2015年	2016年	2017年	2018年	2019年	2020年
双一流大学A	0.94	1.02	1.05	1.09	1.15	1.20	1.25	1.30	1.33	1.45
双一流大学B	0.74	0.78	0.82	0.92	1.00	1.06	1.18	1.31	1.40	1.45
双一流学科	0.84	0.87	0.87	0.94	1.01	1.05	1.12	1.18	1.22	1.26
中国“C9”院校	1.08	1.19	1.20	1.23	1.28	1.32	1.37	1.38	1.40	1.52
澳大利亚Go8院校	1.67	1.77	1.72	1.74	1.79	1.82	1.77	1.74	1.70	1.68
美国常青藤联盟院校	2.24	2.27	2.18	2.24	2.21	2.18	2.08	2.00	1.97	1.89

表4–7　国内外部分高水平院校校企合作科研产出数量比较（2011—2020年）

单位：篇

院校类型	2011年	2012年	2013年	2014年	2015年	2016年	2017年	2018年	2019年	2020年
双一流大学A	68.1	76.9	88.6	104.7	116.8	132.9	146.6	166.7	184.0	198.7
双一流大学B	24.0	29.7	30.3	33.7	33.3	38.3	40.0	64.3	74.0	83.3
双一流学科	21.1	24.6	30.0	34.5	39.9	41.9	46.3	54.0	60.1	67.7
中国“C9”院校	133.8	143.9	172.4	204.8	228.6	271.8	296.1	332.0	342.7	381.9
澳大利亚Go8院校	110.8	137.0	150.3	170.0	197.6	197.6	210.9	230.1	233.3	230.9
美国常青藤联盟院校	355.4	370.3	382.6	423.5	452.6	464.4	482.0	499.5	498.1	524.4

表4–8　国内外部分高水平院校校企合作产出占总产出的比例（2011—2020年）

单位：%

院校类型	2011年	2012年	2013年	2014年	2015年	2016年	2017年	2018年	2019年	2020年
双一流大学A	2.1	2.2	2.2	2.4	2.5	2.7	2.8	2.8	2.8	2.7
双一流大学B	1.9	2.2	1.9	1.9	1.7	1.7	1.7	2.2	2.1	2.0
双一流学科	2.8	2.9	3.0	3.1	3.3	3.1	3.1	3.1	3.0	3.0
中国“C9”院校	2.4	2.4	2.5	2.8	2.9	3.2	3.3	3.4	3.1	3.1
澳大利亚Go8院校	2.8	3.2	3.2	3.3	3.7	3.5	3.7	3.8	3.6	3.3
美国常青藤联盟院校	5.7	5.6	5.6	5.9	6.2	6.1	6.2	6.2	6.0	5.8

五、国际交流与合作

监测结果显示，2020年，我国普通高校与国外合作的R&D课题数为12 688项，占高等学校R&D课题总数的1.0%；与国外合作的R&D课题人员投入数为8111人年，占高等学校R&D课题投入人员的1.3%；与国外合作的R&D课题经费投入为21.8亿元，占高等学校R&D课题经费投入的1.8%。2020年，设有理、工、农、医类教学专业的高校开展国际合作研究派遣1.9万人次，接受1.8万人次；主办国际会议1123次，出席国际学术会议9.6万人次，在国际学术会议上交流论文4.5万篇，发表特邀报告1.0万篇。

表5-1　普通高校国际科技合作与交流情况（2011—2020年）

指标	2011年	2012年	2013年	2014年	2015年	2016年	2017年	2018年	2019年	2020年
5.1 与境外合作的R&D课题数（项）	4527	3070	3138	3993	3319	4305	4012	3592	13 006	12 688
5.2 与境外合作的R&D课题数占比（%）	0.7	0.5	0.4	0.5	0.4	0.5	0.4	0.3	1.1	1.0
5.3 与境外合作的R&D课题人员投入数（人年）	3212	1840	1638	2062	1514	1883	1968	1477	8814	8111
5.4 与境外合作的R&D课题人员投入占比（%）	1.1	0.6	0.5	0.6	0.4	0.5	0.5	0.3	1.6	1.3
5.5 与境外合作的R&D课题经费投入（亿元）	0.4	6.7	5.9	7.8	5.9	7.6	7.5	7.9	23.4	21.8
5.6 与境外合作的R&D课题经费投入占比（%）	0.1	1.1	0.9	1.1	0.8	1.0	0.9	0.8	2.0	1.8
5.7 国际合作研究派遣人员（人次）*	37 112	41 500	39 768	40 975	44 170	44 992	45 888	47 029	48 754	18 732

续表

指标	2011年	2012年	2013年	2014年	2015年	2016年	2017年	2018年	2019年	2020年
5.8 国际合作研究接受人员（人次）*	34 260	37 213	36 769	37 778	37 551	37 281	39 375	43 433	41 820	17 948
5.9 国际学术会议出席人员（人次）*	125 203	144 492	156 054	159 840	163 893	166 488	187 107	202 413	227 089	96 488
5.10 国际学术会议交流论文（篇）*	88 131	98 656	94 616	97 267	93 464	93 768	98 793	99 026	110 067	45 433
5.11 国际学术会议特邀报告（篇）*	14 032	15 305	16 300	17 851	18 748	19 603	21 641	22 843	24 801	10 082
5.12 国际学术会议主办（次）*	2138	2539	2516	2437	2291	2290	2145	2250	2553	1123

* 仅包括设有理、工、农、医类教学专业的高校。

表5-2　分地区普通高校国际科技交流情况（2020年）

地区	合作研究		国际学术会议			
	派遣（人数）	接受（人数）	出席人员（人次）	交流论文（篇）	特邀报告（篇）	主办（次）
北　京	523	777	14 353	5476	1341	123
天　津	332	466	2043	739	239	23
河　北	347	205	1172	512	120	10
山　西	538	282	557	292	71	6
内蒙古	4	2	553	280	12	0
辽　宁	819	425	3692	2697	385	67
吉　林	217	132	1506	734	118	21
黑龙江	323	147	1886	1324	330	35
上　海	1220	2711	14 246	4199	1442	125
江　苏	2106	1656	4968	3935	652	140
浙　江	706	801	3466	2276	461	59
安　徽	978	820	3119	1527	201	31
福　建	491	422	969	474	120	14
江　西	905	610	949	589	101	5
山　东	1368	1607	2954	1930	338	51
河　南	558	261	1131	944	77	14

续表

地区	合作研究		国际学术会议			
	派遣（人数）	接受（人数）	出席人员（人次）	交流论文（篇）	特邀报告（篇）	主办（次）
湖　北	402	487	8727	3508	877	74
湖　南	1461	1511	3109	1479	479	21
广　东	1529	2100	8817	3612	922	136
广　西	665	523	1525	683	88	31
海　南	57	71	365	100	14	4
重　庆	374	341	2822	1415	289	8
四　川	1352	1091	7072	2048	393	27
贵　州	132	51	284	102	16	1
云　南	92	54	432	221	32	9
西　藏	128	39	18	12	0	0
陕　西	540	240	4559	4059	898	80
甘　肃	147	29	595	175	46	6
青　海	38	10	15	8	3	0
宁　夏	136	30	446	3	2	1
新　疆	244	47	138	80	15	1

注：仅包括设有理、工、农、医类教学专业的高校。

表5-3　国内外部分高水平院校国际合作校均科研产出数量比较（2011—2020年）

单位：篇

院校类型	2011年	2012年	2013年	2014年	2015年	2016年	2017年	2018年	2019年	2020年
双一流大学A	629.9	721.8	847.5	965.1	1102.5	1228.1	1391.4	1611.9	1831.8	2054.1
双一流大学B	203.5	223.2	288.5	324.5	417.0	466.7	533.0	697.5	866.8	1034.3
双一流学科	113.8	131.0	165.3	198.6	238.9	282.6	333.5	410.9	485.8	556.0
中国“C9”院校	1262.8	1418.7	1680.4	1881.2	2122.4	2339.1	2599.6	2964.2	3278.0	3638.3
澳大利亚Go8院校	1772.3	1983.0	2284.5	2515.6	2786.4	3003.4	3209.8	3507.4	3773.5	4215.3
美国常青藤联盟院校	2197.9	2466.1	2642.3	2840.3	3006.8	3208.3	3393.4	3586.6	3742.9	4145.4

表5-4　国内外部分高水平院校国际合作的产出占总产出的比例（2011—2020年）

单位：%

院校类型	2011年	2012年	2013年	2014年	2015年	2016年	2017年	2018年	2019年	2020年
双一流大学A	19.7	20.4	21.4	22.4	23.7	24.9	26.2	27.3	27.4	27.4
双一流大学B	16.2	16.7	17.6	18.1	20.8	20.8	22.2	24.3	24.6	24.4
双一流学科	15.2	15.4	16.6	17.8	19.7	21.2	22.3	24.0	24.5	24.8
中国“C9”院校	22.9	23.7	24.8	25.6	26.8	27.8	29.0	30.0	29.7	29.2
澳大利亚Go8院校	45.4	46.5	48.0	49.3	52.0	53.6	55.8	57.2	59.0	60.3
美国常青藤联盟院校	35.5	37.4	38.4	39.5	41.0	42.3	43.6	44.3	45.2	45.6

中国普通高校创新能力监测报告2022

调查篇

下篇

六、高校产学研合作创新

监测结果显示，2020年，参与调研的2377所普通高校学生去企业就业的专科毕业生217.1万人，去企业就业的本科毕业生194.6万人，去企业就业的硕士毕业生28.2万人，去企业就业的博士毕业生0.8万人。学校与企业联合共建校内实习实训实践基地46 206个、校外实习、实训、实践基地342 668个、创新创业基地27 088个。学校与企业合作编写教材27 984册，合作开发课程80 839门。学校开设创业课程40 880门，设立在校生创业项目（正式立项或注册）87 731项，获得国家级大学生创新创业训练计划立项项目42 154项。企业为学生设立的奖学金金额达14.37亿元。

2020年，参与调研的高校具有累计2年以上企业工作经验的专任教师为23.2万人，学校派去企业实践锻炼累计3个月及以上的专任教师为10.6万人。参与调研的高校拥有外聘兼职教师（校聘）47.1万人，其中来自企业、行业的教师占61.5%，来自境外的教师占4.0%。企业、行业外聘兼职教师授课的课时总数达2336.8万课时，专任教师参与企业技术咨询和技术服务为115.6万人次，学校承接企业员工培训1408.3万人次，其中为第二产业培训企业员工488.6万人次，为第三产业培训企业员工849.6万人次。

2020年，参与调研的高校与企业合作申报获得纵向科研项目立项18 308项，立项金额166.56亿元，当年实际到账经费113.36亿元。参与调研的高校拥有与企业共建研发机构（包括实验室、研究中心等）20 303个，与企业合作发表科技论文62 415篇，与企业合作获得发明专利授权10 649个。参与调研的高校参与国家产业技术创新战略联盟866个，参与省级产业技术创新战略联盟2559个。参与调研的高校获得142 228个企业委托的科研项目18.8万项，合同金额677.05亿元，当年实际收入515.48亿元。有15.1万名教师承担了企业委托科研项目。

2020年，参与调研的高校专门设置技术转化机构数1989个，拥有专职工作人员8562人、兼职工作人员17 606人。参与调研的高校设置专门的技术成果转化网站990个。高校拥有依托本单位科技成果成立的企业5491个，本年以本单位知识产权作价投资形式注册的企业478个，本年以本单位知识产权作价投资合计折价金额20.35亿元。

（一）创新人才培养情况

1. 去企业就业的毕业生情况

表6–1　不同类型普通高校学生去企业就业的毕业生情况（2020年）

单位：人

高校类型	去企业就业专科毕业生人数	去企业就业本科毕业生人数	去企业就业硕士毕业生人数	去企业就业博士毕业生人数
综合大学	611 945	518 065	84 734	3052
理工院校	999 337	708 493	132 875	4199
农业院校	78 717	91 421	11 460	112
林业院校	19 291	15 606	2340	44
医药院校	104 701	46 443	4615	236
师范院校	65 007	230 985	17 326	175
语文院校	22 523	37 852	3499	20
财经院校	211 766	231 533	17 182	146
政法院校	9610	10 240	3138	16
体育院校	6192	11 495	1069	19
艺术院校	37 879	24 545	1288	31
民族院校	4231	19 042	2004	6
总计	2 171 199	1 945 720	281 530	8056

表6-2　不同规格普通高校学生去企业就业的毕业生情况（2020年）

单位：人

高校规格	去企业就业专科毕业生人数	去企业就业本科毕业生人数	去企业就业硕士毕业生人数	去企业就业博士毕业生人数
本科	252 287	1 944 773	281 530	8056
其中：独立学院	16 501	302 680	0	0
专科	1 918 912	947	0	0
总计	2 171 199	1 945 720	281 530	8056

表6-3　不同隶属普通高校学生去企业就业的毕业生情况（2020年）

单位：人

高校隶属	去企业就业专科毕业生人数	去企业就业本科毕业生人数	去企业就业硕士毕业生人数	去企业就业博士毕业生人数
中央	9342	106 627	130 394	7083
教育部	625	76 683	111 431	5901
其他部门	8717	29 944	18 963	1182
地方	1 704 528	1 236 409	150 996	973
教育部门	972 440	1 153 963	148 462	931
其他部门	677 761	81 570	1526	7
具有法人资格的中外合作办学	459	876	1008	35
地方企业	53 868	0	0	0
民办	457 329	602 684	140	0
总计	2 171 199	1 945 720	281 530	8056

表6-4　按“双一流”建设项目分普通高校学生去企业就业的毕业生情况（2020年）

单位：人

高校分类	去企业就业专科毕业生人数	去企业就业本科毕业生人数	去企业就业硕士毕业生人数	去企业就业博士毕业生人数
“世界一流大学”建设高校	306	45 492	76 798	4937
“世界一流学科”建设高校	1891	129 060	86 478	2527
其他高校	2 169 002	1 771 168	118 254	592
总计	2 171 199	1 945 720	281 530	8056

表6-5　不同地区普通高校学生去企业就业的毕业生情况（2020年）

单位：人

地区	去企业就业专科毕业生人数	去企业就业本科毕业生人数	去企业就业硕士毕业生人数	去企业就业博士毕业生人数
北　京	9083	23 738	26 206	2030
天　津	39 160	33 086	10 952	302
河　北	111 390	72 757	7981	31
山　西	20 288	28 662	3768	10
内蒙古	39 134	22 221	1598	2
辽　宁	66 477	78 649	15 916	466
吉　林	33 204	55 884	6446	103
黑龙江	35 053	57 098	8087	334
上　海	34 108	43 584	25 760	1396
江　苏	118 133	156 563	30 178	1109
浙　江	95 206	90 172	11 595	514
安　徽	92 871	84 454	7549	233
福　建	51 145	71 863	5699	54
江　西	95 729	68 347	5632	26
山　东	192 679	121 004	13 965	139
河　南	159 833	137 143	5937	14
湖　北	84 607	97 933	15 371	277
湖　南	93 500	66 267	10 241	103
广　东	210 723	160 414	14 430	189
广　西	82 845	58 793	2296	7
海　南	15 107	15 635	823	7
重　庆	59 791	49 466	4507	27
四　川	132 560	115 242	13 553	329
贵　州	60 355	22 264	1526	0
云　南	57 779	52 705	4762	35
西　藏	1944	1415	107	0
陕　西	86 581	87 667	18 505	282
甘　肃	42 415	36 081	4397	23
青　海	7152	5442	556	0
宁　夏	9830	8301	593	0
新　疆	32 517	22 870	2594	14
总计	2 171 199	1 945 720	281 530	8056

2.校企共建基地情况

表6-6　不同类型普通高校校企共建基地情况（2020年）

单位：个

高校类型	高校与企业共建的校内实习、实训、实践基地数	高校与企业共建的校外实习、实训、实践基地数	高校与企业共建的创新创业基地数
综合大学	9637	97 454	7859
理工院校	23 462	134 624	10 965
农业院校	1539	17 065	2315
林业院校	553	3766	157
医药院校	1137	11 209	769
师范院校	3857	30 987	1872
语文院校	566	5659	470
财经院校	3793	30 590	1985
政法院校	224	2553	120
体育院校	117	1817	109
艺术院校	1125	4593	389
民族院校	196	2351	78
总计	46 206	342 668	27 088

表6-7　不同规格普通高校校企共建基地情况（2020年）

单位：个

高校规格	高校与企业共建的校内实习、实训、实践基地数	高校与企业共建的校外实习、实训、实践基地数	高校与企业共建的创新创业基地数
本科	14 012	200 765	19 480
其中：独立学院	1100	20 484	2187
专科	32 194	141 903	7608
总计	46 206	342 668	27 088

表6-8　不同隶属普通高校校企共建基地情况（2020年）

单位：个

高校隶属	高校与企业共建的校内实习、实训、实践基地数	高校与企业共建的校外实习、实训、实践基地数	高校与企业共建的创新创业基地数
中央	1235	26 689	2419
教育部	657	21 286	2025
其他部门	578	5403	394
地方	37 769	250 827	19 663
教育部门	24 346	190 520	16 742
其他部门	11 912	57 744	2774
具有法人资格的中外合作办学	46	302	22
地方企业	1465	2261	125
民办	7202	65 152	5006
总计	46 206	342 668	27 088

表6-9　按“双一流”建设项目分普通高校校企共建基地情况（2020年）

单位：个

高校分类	高校与企业共建的校内实习、实训、实践基地数	高校与企业共建的校外实习、实训、实践基地数	高校与企业共建的创新创业基地数
“世界一流大学”建设高校	580	13 930	1129
“世界一流学科”建设高校	1263	22 625	2252
其他高校	44 363	306 113	23 707
总计	46 206	342 668	27 088

表6-10　不同地区普通高校校企共建基地情况（2020年）

单位：个

地区	高校与企业共建的校内实习、实训、实践基地数	高校与企业共建的校外实习、实训、实践基地数	高校与企业共建的创新创业基地数
北　京	652	8798	747
天　津	695	6160	498
河　北	1829	13 981	923
山　西	1209	5564	252

续表

地区	高校与企业共建的校内实习、实训、实践基地数	高校与企业共建的校外实习、实训、实践基地数	高校与企业共建的创新创业基地数
内蒙古	617	3557	139
辽　宁	1242	13 134	1022
吉　林	706	7047	581
黑龙江	1114	7515	506
上　海	1344	9162	569
江　苏	4730	35 618	3658
浙　江	1987	23 761	2521
安　徽	2263	11 570	814
福　建	2007	14 186	1547
江　西	2513	11 920	446
山　东	3329	22 288	2410
河　南	2932	15 905	1106
湖　北	1604	14 491	1198
湖　南	2044	11 926	988
广　东	2657	34 908	2409
广　西	1795	8377	1034
海　南	395	1931	24
重　庆	986	7381	138
四　川	2592	18 763	1594
贵　州	558	3429	171
云　南	708	6887	611
西　藏	15	107	0
陕　西	1365	11 806	845
甘　肃	847	4719	160
青　海	356	666	14
宁　夏	266	1106	45
新　疆	849	6005	118
总　计	46 206	342 668	27 088

3. 校企合作教学情况

表6-11　不同类型普通高校校企合作教学情况（2020年）

高校类型	学校与企业合作编写教材数（册）	学校与企业合作开发课程数（门）
综合大学	6819	22 726
理工院校	15 878	40 210
农业院校	1026	3116
林业院校	95	453
医药院校	1086	3066
师范院校	339	2793
语文院校	173	614
财经院校	1860	5656
政法院校	137	238
体育院校	67	201
艺术院校	477	1626
民族院校	27	140
总计	27 984	80 839

表6-12　不同规格普通高校校企合作教学情况（2020年）

高校规格	学校与企业合作编写教材数（册）	学校与企业合作开发课程数（门）
本科	2735	21 170
其中：独立学院	211	1965
专科	25 249	59 669
总计	27 984	80 839

表6-13　不同隶属普通高校校企合作教学情况（2020年）

高校隶属	学校与企业合作编写教材数（册）	学校与企业合作开发课程数（门）
中央	452	2571
教育部	148	1573
其他部门	304	998
地方	24 642	69 029
教育部门	16 698	47 082

续表

高校隶属	学校与企业合作编写教材数（册）	学校与企业合作开发课程数（门）
其他部门	7523	20 540
具有法人资格的中外合作办学	6	40
地方企业	415	1367
民办	2890	9239
总计	27 984	80 839

表6-14　按“双一流”建设项目分普通高校校企合作教学情况（2020年）

高校分类	学校与企业合作编写教材数（册）	学校与企业合作开发课程数（门）
“世界一流大学”建设高校	109	1218
“世界一流学科”建设高校	205	1767
其他高校	27 670	77 854
总计	27 984	80 839

表6-15　不同地区普通高校校企合作教学情况（2020年）

地区	学校与企业合作编写教材数（册）	学校与企业合作开发课程数（门）
北　京	403	1494
天　津	242	1220
河　北	2455	4222
山　西	213	649
内蒙古	406	1196
辽　宁	580	3200
吉　林	854	1529
黑龙江	508	1618
上　海	515	1960
江　苏	3761	11 329
浙　江	3338	8158
安　徽	401	1771
福　建	1131	3275

续表

地区	学校与企业合作编写教材数（册）	学校与企业合作开发课程数（门）
江　西	699	1466
山　东	2129	8772
河　南	2427	4702
湖　北	1098	2476
湖　南	1518	3621
广　东	1494	5991
广　西	600	2635
海　南	71	137
重　庆	887	3194
四　川	879	2191
贵　州	241	806
云　南	565	1126
西　藏	0	0
陕　西	314	1119
甘　肃	150	476
青　海	37	41
宁　夏	8	126
新　疆	60	339
总计	27 984	80 839

4. 创新创业教育情况

表6-16　不同类型普通高校创新创业教育情况（2020年）

高校类型	学校开设的创业课程数（门）	在校生创业项目数（正式立项或注册）（项）	国家级大学生创新创业训练计划立项项目数（项）
综合大学	14 808	19 162	11 366
理工院校	12 751	33 497	13 774
农业院校	1469	7408	1605
林业院校	275	392	468
医药院校	1677	4433	2843
师范院校	4346	9570	6152

续表

高校类型	学校开设的创业课程数（门）	在校生创业项目数（正式立项或注册）（项）	国家级大学生创新创业训练计划立项项目数（项）
语文院校	661	1336	695
财经院校	3295	7667	2592
政法院校	392	613	588
体育院校	115	801	249
艺术院校	825	2266	962
民族院校	266	586	860
总计	40 880	87 731	42 154

表6-17　不同规格普通高校创新创业教育情况（2020年）

高校规格	学校开设的创业课程数（门）	在校生创业项目数（正式立项或注册）（项）	国家级大学生创新创业训练计划立项项目数（项）
本科	31 140	67 309	41 720
其中：独立学院	1731	4356	1085
专科	9740	20 422	434
总计	40 880	87 731	42 154

表6-18　不同隶属普通高校创新创业教育情况（2020年）

高校隶属	学校开设的创业课程数（门）	在校生创业项目数（正式立项或注册）（项）	国家级大学生创新创业训练计划立项项目数（项）
中央	9123	9873	12 680
教育部	8197	7621	9994
其他部门	926	2252	2686
地方	26 823	63 845	25 740
教育部门	22 010	52 012	23 705
其他部门	4431	11 305	2012
具有法人资格的中外合作办学	95	118	19
地方企业	287	410	4
民办	4934	14 013	3734
总计	40 880	87 731	42 154

表6-19　按"双一流"建设项目分普通高校创新创业教育情况（2020年）

高校分类	学校开设的创业课程数（门）	在校生创业项目数（正式立项或注册）（项）	国家级大学生创新创业训练计划立项项目数（项）
"世界一流大学"建设高校	7172	5416	6861
"世界一流学科"建设高校	5208	10 148	8521
其他高校	28 500	72 167	26 772
总计	40 880	87 731	42 154

表6-20　不同地区普通高校创新创业教育情况（2020年）

地区	学校开设的创业课程数（门）	在校生创业项目数（正式立项或注册）（项）	国家级大学生创新创业训练计划立项项目数（项）
北　京	950	2801	3469
天　津	594	2338	712
河　北	1350	2791	553
山　西	439	838	277
内蒙古	248	993	156
辽　宁	1295	3666	1766
吉　林	1486	1767	1556
黑龙江	1385	1814	1482
上　海	1508	2843	1847
江　苏	3657	5324	2710
浙　江	3303	7390	2488
安　徽	1056	2105	3366
福　建	2250	4875	1188
江　西	1008	2387	870
山　东	1934	4942	1994
河　南	1111	4134	814
湖　北	1286	2741	2299
湖　南	754	4105	1447
广　东	3627	5790	1680
广　西	744	2836	1679
海　南	40	1378	300

续表

地区	学校开设的创业课程数（门）	在校生创业项目数（正式立项或注册）（项）	国家级大学生创新创业训练计划立项项目数（项）
重　庆	419	1534	153
四　川	6835	11 272	3094
贵　州	473	882	802
云　南	679	1370	496
西　藏	19	145	65
陕　西	1175	2064	3438
甘　肃	633	1277	810
青　海	90	361	6
宁　夏	238	403	215
新　疆	294	565	422
总计	40 880	87 731	42 154

5. 企业设立奖学金情况

表6-21　不同类型普通高校企业设立奖学金情况（2020年）

单位：亿元

高校类型	企业为学生设立的奖学金金额
综合大学	5.75
理工院校	5.14
农业院校	0.45
林业院校	0.07
医药院校	0.64
师范院校	0.83
语文院校	0.06
财经院校	0.74
政法院校	0.13
体育院校	0.01
艺术院校	0.39
民族院校	0.17
总计	14.37

注：“企业为学生设立的奖学金金额”列数值均为四舍五入后数值，故所列各类型院校金额相加之后可能不等于总计金额。下同。

表6-22　不同规格普通高校企业设立奖学金情况（2020年）

单位：亿元

高校规格	企业为学生设立的奖学金金额
本科	12.18
其中： 独立学院	1.43
专科	2.19
总计	14.37

表6-23　不同隶属普通高校企业设立奖学金情况（2020年）

单位：亿元

高校隶属	企业为学生设立的奖学金金额
中央	3.74
教育部	3.19
其他部门	0.55
地方	8.50
教育部门	7.34
其他部门	0.56
具有法人资格的中外合作办学	0.55
地方企业	0.05
民办	2.12
总计	14.37

表6-24　按“双一流”建设项目分普通高校企业设立奖学金情况（2020年）

单位：亿元

高校分类	企业为学生设立的奖学金金额
“世界一流大学”建设高校	2.30
“世界一流学科”建设高校	2.26
其他高校	9.81
总计	14.37

表6-25　不同地区普通高校企业设立奖学金情况（2020年）

单位：亿元

地区	企业为学生设立的奖学金金额
北　京	1.00
天　津	0.17
河　北	0.13
山　西	0.10
内蒙古	0.06
辽　宁	0.31
吉　林	0.21
黑龙江	0.07
上　海	1.18
江　苏	2.47
浙　江	0.74
安　徽	0.31
福　建	0.31
江　西	0.26
山　东	0.47
河　南	0.53
湖　北	1.23
湖　南	0.72
广　东	1.89
广　西	0.18
海　南	0.07
重　庆	0.23
四　川	0.56
贵　州	0.12
云　南	0.11
西　藏	0.00
陕　西	0.57
甘　肃	0.09
青　海	0.01

续表

地区	企业为学生设立的奖学金金额
宁　夏	0.17
新　疆	0.10
总计	14.37

（二）师资队伍与社会服务

1.专任教师企业实践情况

表6–26　不同类型普通高校专任教师企业实践情况（2020年）

单位：人

高校类型	具有累计2年以上企业工作经验的专任教师数	学校派去企业实践锻炼累计3个月及以上的专任教师数
综合大学	62 707	30 948
理工院校	104 771	44 315
农业院校	9111	4456
林业院校	1993	1318
医药院校	11 343	5412
师范院校	9575	6370
语文院校	2573	996
财经院校	20 983	8944
政法院校	999	354
体育院校	862	262
艺术院校	6214	1910
民族院校	832	403
总计	231 963	105 688

表6-27　不同规格普通高校专任教师企业实践情况（2020年）

单位：人

高校规格	具有累计2年以上企业工作经验的专任教师数	学校派去企业实践锻炼累计3个月及以上的专任教师数
本科	119 801	41 085
其中： 独立学院	11 237	2670
专科	112 162	64 603
总计	231 963	105 688

表6-28　不同隶属普通高校专任教师企业实践情况（2020年）

单位：人

高校隶属	具有累计2年以上企业工作经验的专任教师数	学校派去企业实践锻炼累计3个月及以上的专任教师数
中央	10 641	4598
教育部	7863	3273
其他部门	2778	1325
地方	154 845	77 574
教育部门	109 054	53 135
其他部门	41 775	23 355
具有法人资格的中外合作办学	362	15
地方企业	3654	1069
民办	66 477	23 516
总计	231 963	105 688

表6-29　按“双一流”建设项目分普通高校专任教师企业实践情况（2020年）

单位：人

高校分类	具有累计2年以上企业工作经验的专任教师数	学校派去企业实践锻炼累计3个月及以上的专任教师数
“世界一流大学”建设高校	5147	2616
“世界一流学科”建设高校	8745	3567
其他高校	218 071	99 505
总计	231 963	105 688

表6-30　不同地区普通高校专任教师企业实践情况（2020年）

单位：人

地区	具有累计2年以上企业工作经验的专任教师数	学校派去企业实践锻炼累计3个月及以上的专任教师数
北　京	3903	1048
天　津	4017	1678
河　北	11 078	4324
山　西	3488	1177
内蒙古	2530	1286
辽　宁	8042	2093
吉　林	5099	2011
黑龙江	5504	2221
上　海	6131	2600
江　苏	17 012	9447
浙　江	13 610	5849
安　徽	7390	5177
福　建	9779	5399
江　西	11 509	4000
山　东	15 025	7878
河　南	10 356	7379
湖　北	10 124	3153
湖　南	11 205	4841
广　东	25 602	8953
广　西	8338	3189
海　南	1968	299
重　庆	5354	2363
四　川	12 603	5158
贵　州	4038	3377
云　南	4737	1942
西　藏	14	29
陕　西	7052	4472
甘　肃	2921	2092
青　海	308	96
宁　夏	869	937
新　疆	2357	1220
总计	231 963	105 688

2. 校聘兼职教师情况

表6-31　不同类型普通高校校聘兼职教师情况（2020年）

高校类型	高校拥有外聘兼职教师（校聘）总数（人）			企业、行业外聘兼职教师授课的课时总数（万课时）
		来自企业、行业的教师比例（%）	来自境外的教师比例（%）	
综合大学	118 813	62.6	4.7	619.5
理工院校	172 058	64.2	3.7	1036.9
农业院校	15 624	61.5	5.2	82.4
林业院校	4334	61.5	2.5	20.1
医药院校	57 301	75.5	1.2	143.7
师范院校	34 695	40.8	7.5	86.1
语文院校	5960	39.5	10.7	24.7
财经院校	41 762	53.1	3.5	191.0
政法院校	4491	68.0	1.9	12.5
体育院校	1979	61.2	2.9	16.6
艺术院校	12 384	46.6	2.7	93.9
民族院校	2055	35.5	4.0	9.2
总计	471 456	61.5	4.0	2336.8

注：“企业、行业外聘兼职教师授课的课时总数”的统计均为四舍五入后数值，所列各类型院校课时相加之后可能不等于总计课时。下同。

表6-32　不同规格普通高校校聘兼职教师情况（2020年）

高校规格	高校拥有外聘兼职教师（校聘）总数（人）			企业、行业外聘兼职教师授课的课时总数（万课时）
		来自企业、行业的教师比例（%）	来自境外的教师比例（%）	
本科	274 381	47.9	6.4	499.1
其中：独立学院	35 841	26.2	1.0	67.0
专科	197 075	80.3	0.6	1837.7
总计	471 456	61.5	4.0	2336.8

表6-33　不同隶属普通高校校聘兼职教师情况（2020年）

高校隶属	高校拥有外聘兼职教师（校聘）总数（人）	来自企业、行业的教师比例（%）	来自境外的教师比例（%）	企业、行业外聘兼职教师授课的课时总数（万课时）
中央	30 281	46.7	18.9	23.6
教育部	22 057	49.1	19.2	10.6
其他部门	8224	40.2	18.0	13.0
地方	336 566	69.2	3.5	1941.6
教育部门	247 084	65.7	4.4	1179.1
其他部门	83 454	79.2	1.0	705.3
具有法人资格的中外合作办学	518	29.2	24.7	0.2
地方企业	5510	78.9	0.1	56.9
民办	104 609	40.7	1.2	371.6
总计	471 456	61.5	4.0	2336.8

表6-34　按“双一流”建设项目分普通高校校聘兼职教师情况（2020年）

高校分类	高校拥有外聘兼职教师（校聘）总数（人）	来自企业、行业的教师比例（%）	来自境外的教师比例（%）	企业、行业外聘兼职教师授课的课时总数（万课时）
“世界一流大学”建设高校	17 195	41.2	22.9	9.1
“世界一流学科”建设高校	22 489	48.8	14.6	15.1
其他高校	431 772	62.9	2.7	2312.5
总计	471 456	61.5	4.0	2336.8

表6-35　不同地区普通高校校聘兼职教师情况（2020年）

地区	高校拥有外聘兼职教师（校聘）总数（人）	来自企业、行业的教师比例（%）	来自境外的教师比例（%）	企业、行业外聘兼职教师授课的课时总数（万课时）
北　京	8815	48.1	11.9	23.1
天　津	9188	55.9	6.1	54.6
河　北	18 134	60.9	2.1	99.8

续表

地区	高校拥有外聘兼职教师（校聘）总数（人）	来自企业、行业的教师比例（%）	来自境外的教师比例（%）	企业、行业外聘兼职教师授课的课时总数（万课时）
山　西	6675	59.5	1.3	24.4
内蒙古	5390	63.3	3.1	33.8
辽　宁	18 263	63.8	3.7	56.3
吉　林	9872	56.2	5.6	36.9
黑龙江	9362	60.3	2.9	70.8
上　海	13 686	37.8	10.1	35.0
江　苏	49 210	69.0	3.8	288.2
浙　江	27 712	63.3	5.7	147.7
安　徽	18 638	54.0	2.8	86.5
福　建	22 678	46.6	4.4	71.1
江　西	12 869	55.8	4.1	62.5
山　东	28 165	73.0	3.2	188.7
河　南	23 115	58.2	2.2	150.0
湖　北	17 358	65.7	3.7	99.0
湖　南	17 588	55.1	3.4	81.9
广　东	39 644	73.6	4.0	257.3
广　西	18 770	61.8	1.2	84.1
海　南	2539	60.5	4.6	10.3
重　庆	12 247	69.9	1.4	64.5
四　川	30 778	70.3	3.0	100.2
贵　州	6912	56.1	2.6	41.5
云　南	13 538	52.1	1.8	49.5
西　藏	111	100.0	0.0	0.1
陕　西	14 945	51.3	10.3	44.5
甘　肃	6198	47.0	7.1	31.7
青　海	576	80.7	1.2	5.8
宁　夏	2119	43.5	2.5	12.8
新　疆	6361	62.4	0.6	24.1
总　计	471 456	61.5	4.0	2336.8

3. 高校服务企业情况

表6–36　不同类型普通高校服务企业情况（2020年）

单位：人次

高校类型	专任教师参与企业技术咨询和技术服务的数量	高校承接企业员工培训数		
			为第二产业培训企业员工数	为第三产业培训企业员工数
综合大学	383 145	3 432 613	1 555 522	1 725 941
理工院校	253 384	8 474 442	3 050 533	5 062 088
农业院校	128 175	215 218	63 124	75 724
林业院校	4372	76 275	36 175	10 655
医药院校	141 447	562 814	16 924	541 263
师范院校	37 122	393 090	47 283	341 760
语文院校	3737	39 987	24 271	15 942
财经院校	121 735	682 148	69 530	608 998
政法院校	73 560	71 074	12 400	50 246
体育院校	1341	23 683	150	22 744
艺术院校	5922	101 773	6642	33 686
民族院校	2049	10 329	3390	7009
总计	1 155 989	14 083 446	4 885 944	8 496 056

表6–37　不同规格普通高校服务企业情况（2020年）

单位：人次

高校规格	专任教师参与企业技术咨询和技术服务的数量	高校承接企业员工培训数		
			为第二产业培训企业员工数	为第三产业培训企业员工数
本科	521 494	2 815 035	890 269	1 634 080
其中：独立学院	11 001	145 080	7852	137 894
专科	634 495	11 268 411	3 995 675	6 861 976
总计	1 155 989	14 083 446	4 885 944	8 496 056

表6-38　不同隶属普通高校服务企业情况（2020年）

单位：人次

高校隶属	专任教师参与企业技术咨询和技术服务的数量	高校承接企业员工培训数	为第二产业培训企业员工数	为第三产业培训企业员工数
中央	134 312	648 315	254 172	380 395
教育部	125 238	594 645	235 668	347 937
其他部门	9074	53 670	18 504	32 458
地方	878 045	12 599 504	4 383 484	7 533 854
教育部门	517 968	7 489 564	2 166 423	4 826 315
其他部门	357 263	4 399 767	1 652 070	2 618 866
具有法人资格的中外合作办学	248	6287	704	5583
地方企业	2566	703 886	564 287	83 090
民办	143 632	835 627	248 288	581 807
总计	1 155 989	14 083 446	4 885 944	8 496 056

表6-39　按“双一流”建设项目分普通高校服务企业情况（2020年）

单位：人次

高校分类	专任教师参与企业技术咨询和技术服务的数量	高校承接企业员工培训数	为第二产业培训企业员工数	为第三产业培训企业员工数
“世界一流大学”建设高校	31 696	473 961	171 267	298 746
“世界一流学科”建设高校	133 665	402 335	201 876	190 713
其他高校	990 628	13 207 150	4 512 801	8 006 597
总计	1 155 989	14 083 446	4 885 944	8 496 056

表6-40　不同地区普通高校服务企业情况（2020年）

单位：人次

地区	专任教师参与企业技术咨询和技术服务的数量	高校承接企业员工培训数	为第二产业培训企业员工数	为第三产业培训企业员工数
北　京	73 780	498 639	200 452	224 035
天　津	5793	302 399	48 601	253 857

续表

地区	专任教师参与企业技术咨询和技术服务的数量	高校承接企业员工培训数	为第二产业培训企业员工数	为第三产业培训企业员工数
河　北	43 155	334 961	125 506	178 691
山　西	22 349	169 363	116 565	53 369
内蒙古	13 577	59 948	34 075	21 746
辽　宁	24 076	232 875	72 876	110 895
吉　林	9365	140 977	53 490	82 644
黑龙江	9414	215 498	141 810	70 473
上　海	13 305	122 054	33 842	86 545
江　苏	115 049	1 112 226	453 810	417 296
浙　江	184 227	1 367 519	510 596	852 486
安　徽	20 445	287 550	166 789	129 432
福　建	21 915	614 387	193 899	363 338
江　西	15 830	203 320	157 933	29 295
山　东	36 758	1 263 832	651 942	569 132
河　南	60 888	384 054	133 869	223 416
湖　北	43 356	2 507 025	354 698	2 142 814
湖　南	57 213	820 763	462 034	338 716
广　东	31 342	851 271	186 863	643 547
广　西	155 127	233 181	78 649	130 534
海　南	658	44 938	4614	41 265
重　庆	10 338	259 044	77 736	180 882
四　川	34 783	383 270	159 875	201 021
贵　州	103 902	132 479	49 310	65 810
云　南	20 550	123 243	62 838	58 501
西　藏	47	52	0	52
陕　西	17 614	1 165 425	239 314	918 083
甘　肃	2112	54 755	21 655	10 665
青　海	3365	20 781	15 884	4770
宁　夏	2350	63 552	51 672	11 880
新　疆	3306	114 065	24 747	80 866
总计	1 155 989	14 083 446	4 885 944	8 496 056

（三）校企合作开展科研创新

1. 校企合作申报纵向科研项目情况

表6-41　不同类型普通高校与企业合作申报纵向科研项目情况（2020年）

高校类型	高校与企业合作申报获得纵向科研项目立项数（项）	高校与企业合作申报获得纵向科研项目立项金额（亿元）	高校与企业合作申报获得纵向科研项目的当年实际到账经费（亿元）
综合大学	5476	58.38	42.05
理工院校	8925	85.62	57.89
农业院校	1190	7.94	4.93
林业院校	157	1.37	0.45
医药院校	580	3.37	2.32
师范院校	1028	6.42	3.79
语文院校	44	0.05	0.02
财经院校	682	0.58	0.57
政法院校	42	1.08	0.48
体育院校	25	0.51	0.43
艺术院校	56	1.04	0.28
民族院校	103	0.20	0.15
总计	18 308	166.56	113.36

注：“高校与企业合作申报获得纵向科研项目立项金额”“高校与企业合作申报获得纵向科研项目的当年实际到账经费”的统计均为四舍五入后数值，所列各类型院校数额相加之后可能不等于总计数额。下同。

表6-42　不同规格普通高校与企业合作申报纵向科研项目情况（2020年）

高校规格	高校与企业合作申报获得纵向科研项目立项数（项）	高校与企业合作申报获得纵向科研项目立项金额（亿元）	高校与企业合作申报获得纵向科研项目的当年实际到账经费（亿元）
本科	13 760	162.97	111.02
其中：独立学院	204	0.16	0.09
专科	4548	3.59	2.34
总计	18 308	166.56	113.36

表6-43　不同隶属普通高校与企业合作申报纵向科研项目情况（2020年）

高校隶属	高校与企业合作申报获得纵向科研项目立项数（项）	高校与企业合作申报获得纵向科研项目立项金额（亿元）	高校与企业合作申报获得纵向科研项目的当年实际到账经费（亿元）
中央	4844	102.08	76.15
教育部	3982	83.50	60.35
其他部门	862	18.58	15.80
地方	12 048	63.26	36.14
教育部门	9790	59.56	33.98
其他部门	2193	3.55	2.12
具有法人资格的中外合作办学	14	0.13	0.03
地方企业	51	0.03	0.01
民办	1416	1.22	1.07
总计	18 308	166.56	113.36

表6-44　按“双一流”建设项目分普通高校与企业合作申报纵向科研项目情况（2020年）

高校分类	高校与企业合作申报获得纵向科研项目立项数（项）	高校与企业合作申报获得纵向科研项目立项金额（亿元）	高校与企业合作申报获得纵向科研项目的当年实际到账经费（亿元）
“世界一流大学”建设高校	3454	73.15	56.10
“世界一流学科”建设高校	2274	40.75	27.22
其他高校	12 580	52.67	30.04
总计	18 308	166.56	113.36

表6-45　不同地区普通高校与企业合作申报纵向科研项目情况（2020年）

地区	高校与企业合作申报获得纵向科研项目立项数（项）	高校与企业合作申报获得纵向科研项目立项金额（亿元）	高校与企业合作申报获得纵向科研项目的当年实际到账经费（亿元）
北　京	1114	25.86	17.79
天　津	385	3.43	2.66
河　北	732	1.12	1.12

续表

地区	高校与企业合作申报获得纵向科研项目立项数（项）	高校与企业合作申报获得纵向科研项目立项金额（亿元）	高校与企业合作申报获得纵向科研项目的当年实际到账经费（亿元）
山　西	193	1.44	1.06
内蒙古	144	1.91	1.46
辽　宁	514	5.88	5.11
吉　林	692	2.46	1.48
黑龙江	129	2.43	1.41
上　海	699	22.00	8.87
江　苏	2322	21.32	18.42
浙　江	1305	12.04	6.64
安　徽	535	3.00	1.53
福　建	781	2.63	1.44
江　西	279	0.94	0.57
山　东	1055	6.89	4.22
河　南	769	3.87	1.54
湖　北	539	2.40	1.88
湖　南	805	4.09	10.35
广　东	1074	13.36	7.33
广　西	293	1.09	1.03
海　南	34	0.07	0.10
重　庆	308	0.99	0.61
四　川	922	5.19	3.44
贵　州	241	0.85	0.82
云　南	96	3.18	1.97
西　藏	6	0.06	0.03
陕　西	1721	17.00	9.69
甘　肃	219	0.28	0.26
青　海	16	0.17	0.12
宁　夏	263	0.15	0.09
新　疆	123	0.49	0.34
总计	18 308	166.56	113.36

2. 校企合作科研成果情况

表6-46　不同类型普通高校校企合作科研成果情况（2020年）

高校类型	高校拥有与企业共建研发机构数（包括实验室、研究中心等）（个）	与企业合作发表科技论文数（篇）	与企业合作获得发明专利授权数（项）
综合大学	7147	15 359	3540
理工院校	9624	37 457	5678
农业院校	651	3105	278
林业院校	135	457	42
医药院校	637	2278	242
师范院校	1155	1929	542
语文院校	32	78	31
财经院校	642	1446	210
政法院校	61	49	18
体育院校	19	16	0
艺术院校	127	43	26
民族院校	73	198	42
总计	20 303	62 415	10 649

注：高校与企业合作发表的论文、获得的专利授权数量来源于学校申报的数据汇总，由于可能存在校校合作的情况，因此汇总数据包括了重复统计的情况，会与知识产权局公布的总数不一致。下同。

表6-47　不同规格普通高校校企合作科研成果情况（2020年）

高校规格	高校拥有与企业共建研发机构数（包括实验室、研究中心等）（个）	与企业合作发表科技论文数（篇）	与企业合作获得发明专利授权数（项）
本科	15 747	53 363	9271
其中：独立学院	423	302	55
专科	4556	9052	1378
总计	20 303	62 415	10 649

表6-48 不同隶属普通高校校企合作科研成果情况（2020年）

高校隶属	高校拥有与企业共建研发机构数（包括实验室、研究中心等）（个）	与企业合作发表科技论文数（篇）	与企业合作获得发明专利授权数（项）
中央	4184	20 922	4901
教育部	3367	16 700	4272
其他部门	817	4222	629
地方	14 214	38 812	5279
教育部门	12 055	33 352	4547
其他部门	1987	4953	696
具有法人资格的中外合作办学	23	227	2
地方企业	149	280	34
民办	1905	2681	469
总计	20 303	62 415	10 649

表6-49 按“双一流”建设项目分普通高校校企合作科研成果情况（2020年）

高校分类	高校拥有与企业共建研发机构数（包括实验室、研究中心等）（个）	与企业合作发表科技论文数（篇）	与企业合作获得发明专利授权数（项）
“世界一流大学”建设高校	2426	13 378	3491
“世界一流学科”建设高校	2939	13 283	2257
其他高校	14 938	35 754	4901
总计	20 303	62 415	10 649

表6-50 不同地区普通高校校企合作科研成果情况（2020年）

地区	高校拥有与企业共建研发机构数（包括实验室、研究中心等）（个）	与企业合作发表科技论文数（篇）	与企业合作获得发明专利授权数（项）
北　京	1027	8755	1418
天　津	369	611	116
河　北	827	1280	163
山　西	179	1928	38
内蒙古	111	443	32
辽　宁	596	1744	274

续表

地区	高校拥有与企业共建研发机构数（包括实验室、研究中心等）（个）	与企业合作发表科技论文数（篇）	与企业合作获得发明专利授权数（项）
吉　林	258	1856	131
黑龙江	551	2150	110
上　海	680	5675	858
江　苏	3721	6831	1555
浙　江	2164	2716	710
安　徽	479	884	160
福　建	501	1715	310
江　西	427	743	265
山　东	1544	3821	700
河　南	860	2037	379
湖　北	909	2973	396
湖　南	584	2363	499
广　东	1347	3551	576
广　西	250	502	132
海　南	52	62	42
重　庆	282	685	149
四　川	1099	3628	613
贵　州	257	628	55
云　南	181	515	165
西　藏	0	8	0
陕　西	748	3254	667
甘　肃	150	356	45
青　海	14	86	17
宁　夏	58	262	35
新　疆	78	353	39
总计	20 303	62 415	10 649

3. 参与创新战略联盟情况

表6–51　2020年不同类型普通高校参与创新战略联盟情况

单位：个

高校类型	高校参与国家产业技术创新战略联盟数	高校参与省级产业技术创新战略联盟数
综合大学	294	653
理工院校	366	1275
农业院校	115	264
林业院校	37	42
医药院校	15	93
师范院校	24	137
语文院校	1	4
财经院校	7	62
政法院校	1	3
体育院校	3	4
艺术院校	3	12
民族院校	0	10
总计	866	2559

表6–52　不同规格普通高校参与创新战略联盟情况（2020年）

单位：个

高校规格	高校参与国家产业技术创新战略联盟数	高校参与省级产业技术创新战略联盟数
本科	773	2276
其中：独立学院	6	32
专科	93	283
总计	866	2559

表6-53　不同隶属普通高校参与创新战略联盟情况（2020年）

单位：个

高校隶属	高校参与国家产业技术创新战略联盟数	高校参与省级产业技术创新战略联盟数
中央	378	664
教育部	340	582
其他部门	38	82
地方	450	1786
教育部门	401	1616
其他部门	47	159
具有法人资格的中外合作办学	2	4
地方企业	0	7
民办	38	109
总计	866	2559

表6-54　按“双一流”建设项目分普通高校参与创新战略联盟情况（2020年）

单位：个

高校分类	高校参与国家产业技术创新战略联盟数	高校参与省级产业技术创新战略联盟数
“世界一流大学”建设高校	251	453
“世界一流学科”建设高校	182	326
其他高校	433	1780
总计	866	2559

表6-55　不同地区普通高校参与创新战略联盟情况（2020年）

单位：个

地区	高校参与国家产业技术创新战略联盟数	高校参与省级产业技术创新战略联盟数
北　京	73	126
天　津	13	100
河　北	27	96
山　西	8	37
内蒙古	3	9
辽　宁	55	347

续表

地区	高校参与国家产业技术创新战略联盟数	高校参与省级产业技术创新战略联盟数
吉　林	15	64
黑龙江	21	44
上　海	46	61
江　苏	138	496
浙　江	95	113
安　徽	8	49
福　建	15	23
江　西	32	55
山　东	49	104
河　南	33	126
湖　北	36	59
湖　南	39	53
广　东	28	222
广　西	5	26
海　南	0	1
重　庆	10	59
四　川	37	86
贵　州	2	10
云　南	28	38
西　藏	0	0
陕　西	41	112
甘　肃	1	24
青　海	3	7
宁　夏	0	3
新　疆	5	9
总计	866	2559

4. 企业委托科研项目情况

表6-56　不同类型普通高校承担企业委托科研项目情况（2020年）

高校类型	企业委托科研项目数（项）	委托科研项目的企业数（个）	承担企业委托科研项目的专任教师数（人）	企业委托科研项目合同金额（亿元）	企业委托科研项目当年实际收入（亿元）
综合大学	56 439	43 721	43 657	259.18	220.19
理工院校	101 890	73 698	76 057	348.37	249.28
农业院校	5427	4641	4334	12.76	8.55
林业院校	1522	1244	1164	3.22	2.92
医药院校	4316	3037	3179	15.95	6.63
师范院校	11 358	9164	11 579	24.31	18.17
语文院校	933	991	1042	2.39	1.93
财经院校	4572	4147	7770	5.69	4.26
政法院校	213	181	321	0.41	0.33
体育院校	61	61	68	0.09	0.07
艺术院校	1153	884	1196	2.97	2.10
民族院校	508	459	598	1.71	1.05
总计	188 392	142 228	150 965	677.05	515.48

注：“企业委托科研项目合同金额”“企业委托科研项目当年实际收入”的统计均为四舍五入后数额，所列各类型院校数额相加之后可能不等于总计数额。下同。

表6-57　不同规格普通高校承担企业委托科研项目情况（2020年）

高校规格	企业委托科研项目数（项）	委托科研项目的企业数（个）	承担企业委托科研项目的专任教师数（人）	企业委托科研项目合同金额（亿元）	企业委托科研项目当年实际收入（亿元）
本科	172 504	128 384	125 935	659.56	501.39
其中：独立学院	1711	1434	1946	2.30	1.55
专科	15 888	13 844	25 030	17.50	14.08
总计	188 392	142 228	150 965	677.05	515.48

表6-58　不同隶属普通高校承担企业委托科研项目情况（2020年）

高校隶属	企业委托科研项目数（项）	委托科研项目的企业数（个）	承担企业委托科研项目的专任教师数（人）	企业委托科研项目合同金额（亿元）	企业委托科研项目当年实际收入（亿元）
中央	64 774	43 548	37 075	371.38	304.80
教育部	55 003	38 249	31 812	296.37	276.09
其他部门	9771	5299	5263	75.01	28.71
地方	115 689	92 275	103 801	292.77	199.94
教育部门	106 190	84 275	89 667	277.88	189.62
其他部门	9296	7841	13 763	14.07	9.83
具有法人资格的中外合作办学	103	91	97	0.60	0.38
地方企业	100	68	274	0.23	0.10
民办	7929	6405	10 089	12.89	10.74
总计	188 392	142 228	150 965	677.05	515.48

表6-59　按“双一流”建设项目分普通高校承担企业委托科研项目情况（2020年）

高校分类	企业委托科研项目数（项）	委托科研项目的企业数（个）	承担企业委托科研项目的专任教师数（人）	企业委托科研项目合同金额（亿元）	企业委托科研项目当年实际收入（亿元）
“世界一流大学”建设高校	37 818	25 901	20 879	231.89	226.21
“世界一流学科”建设高校	40 328	27 365	25 538	189.60	114.00
其他高校	110 246	88 962	104 548	255.56	175.27
总计	188 392	142 228	150 965	677.05	515.48

表6-60　不同地区普通高校承担企业委托科研项目情况（2020年）

地区	企业委托科研项目数（项）	委托科研项目的企业数（个）	承担企业委托科研项目的专任教师数（人）	企业委托科研项目合同金额（亿元）	企业委托科研项目当年实际收入（亿元）
北　京	13 942	9743	9395	70.24	48.00
天　津	4492	3465	3305	18.38	9.91
河　北	3880	2881	4477	8.32	6.75

续表

地区	企业委托科研项目数（项）	委托科研项目的企业数（个）	承担企业委托科研项目的专任教师数（人）	企业委托科研项目合同金额（亿元）	企业委托科研项目当年实际收入（亿元）
山　西	1815	1468	1249	4.43	2.79
内蒙古	552	417	556	1.16	0.95
辽　宁	6838	5011	4721	23.83	17.39
吉　林	2931	2233	2692	8.94	5.66
黑龙江	2998	1709	2094	11.96	6.44
上　海	12 228	9242	7295	66.85	105.96
江　苏	31 995	24 371	23 159	110.14	79.34
浙　江	14 737	11 825	9958	42.55	28.81
安　徽	5585	4521	4089	13.49	9.90
福　建	4885	4001	4654	11.52	8.17
江　西	2997	2460	3129	10.06	6.61
山　东	12 196	9190	10 437	33.51	19.64
河　南	5180	4395	7304	14.70	10.71
湖　北	9129	7073	8376	30.25	17.47
湖　南	6158	4669	5529	22.41	18.22
广　东	10 088	8434	8233	61.05	26.25
广　西	1353	1174	3232	2.66	1.93
海　南	301	249	263	0.73	0.62
重　庆	3734	3024	2110	7.78	4.90
四　川	9211	5977	8546	31.22	28.66
贵　州	856	717	697	1.50	0.97
云　南	1311	1047	1304	3.26	2.38
西　藏	5	5	5	0.01	0.01
陕　西	16 008	10 768	11 323	58.28	42.57
甘　肃	2276	1624	1683	6.52	3.54
青　海	36	28	48	0.03	0.03
宁　夏	300	168	323	0.60	0.43
新　疆	375	339	779	0.68	0.47
总计	188 392	142 228	150 965	677.05	515.48

（四）创新技术转移与成果转化

1. 高校设置专门技术转化机构和网站情况

表6-61 不同类型普通高校设置专门技术转化机构及网站情况（2020年）

高校类型	机构数（个）	专职工作人员数（人）	兼职工作人员数（人）	高校设置专门技术转化网站数（个）
综合大学	518	2383	4480	322
理工院校	886	4237	9871	400
农业院校	99	412	672	51
林业院校	12	38	77	4
医药院校	100	385	569	49
师范院校	177	525	1026	82
语文院校	17	52	21	7
财经院校	112	264	589	56
政法院校	9	42	84	1
体育院校	8	9	17	4
艺术院校	42	189	149	9
民族院校	9	26	51	5
总计	1989	8562	17 606	990

表6-62 不同规格普通高校设置专门技术转化机构及网站情况（2020年）

高校规格	机构数（个）	专职工作人员数（人）	兼职工作人员数（人）	学校设置专门技术转化网站数（个）
本科	1424	6670	14 538	738
其中：独立学院	80	170	319	34
专科	565	1892	3068	252
总计	1989	8562	17 606	990

表6-63　不同隶属普通高校设置专门技术转化机构及网站情况（2020年）

高校隶属	机构数（个）	专职工作人员数（人）	兼职工作人员数（人）	高校设置专门技术转化网站数（个）
中央	231	2113	2517	143
教育部	176	1679	2111	117
其他部门	55	434	406	26
地方	1499	5755	13 975	720
教育部门	1188	4629	12 266	612
其他部门	288	1076	1620	100
具有法人资格的中外合作办学	11	25	42	4
地方企业	12	25	47	4
民办	259	694	1114	127
总计	1989	8562	17 606	990

表6-64　按“双一流”建设项目分普通高校设置专门技术转化机构及网站情况（2020年）

高校分类	机构数（个）	专职工作人员数（人）	兼职工作人员数（人）	高校设置专门技术转化网站数（个）
“世界一流大学”建设高校	140	1478	2404	98
“世界一流学科”建设高校	163	1092	1528	101
其他高校	1686	5992	13 674	791
总计	1989	8562	17 606	990

表6-65　不同地区普通高校设置专门技术转化机构及网站情况（2020年）

地区	机构数（个）	专职工作人员数（人）	兼职工作人员数（人）	高校设置专门技术转化网站数（个）
北　京	51	412	199	32
天　津	27	159	1035	22
河　北	51	221	537	34
山　西	38	75	158	13
内蒙古	20	64	101	9

续表

地区	机构数（个）	专职工作人员数（人）	兼职工作人员数（人）	高校设置专门技术转化网站数（个）
辽　宁	84	345	709	39
吉　林	57	219	683	29
黑龙江	76	270	394	16
上　海	34	185	369	24
江　苏	213	1145	2337	124
浙　江	296	755	1114	55
安　徽	51	177	732	26
福　建	76	239	454	65
江　西	73	245	284	45
山　东	88	439	900	51
河　南	116	868	1747	63
湖　北	60	259	611	36
湖　南	64	208	430	45
广　东	130	498	764	65
广　西	44	99	185	11
海　南	8	32	16	5
重　庆	32	112	229	16
四　川	84	364	409	68
贵　州	34	114	115	8
云　南	28	126	119	10
西　藏	3	0	9	0
陕　西	91	750	642	51
甘　肃	26	86	2193	15
青　海	4	13	13	0
宁　夏	8	21	53	5
新　疆	22	62	65	8
总计	1989	8562	17 606	990

2. 高校科技成果转化情况

表6-66 不同类型普通高校科技成果转化情况（2020年）

高校类型	依托本单位科技成果成立的企业数（个）	本年以本单位知识产权作价投资形式注册的企业数（个）	本年以本单位知识产权作价投资合计折价金额（亿元）
综合大学	1381	114	5.93
理工院校	3119	254	11.63
农业院校	132	6	0.54
林业院校	1	0	0.01
医药院校	221	22	1.35
师范院校	428	50	0.80
语文院校	6	0	0.00
财经院校	128	32	0.07
政法院校	3	0	0.00
体育院校	0	0	0.00
艺术院校	47	0	0.00
民族院校	25	0	0.01
总计	5491	478	20.35

注：“本年以本单位知识产权作价投资合计折价金额”的统计均为四舍五入后金额，所列各类型院校数额相加之后可能不等于总计金额。下同。

表6-67 不同规格普通高校科技成果转化情况（2020年）

高校规格	依托本单位科技成果成立的企业数（个）	本年以本单位知识产权作价投资形式注册的企业数（个）	本年以本单位知识产权作价投资合计折价金额（亿元）
本科	4972	417	19.94
其中：独立学院	114	28	0.04
专科	519	61	0.41
总计	5491	478	20.35

表6-68　不同隶属普通高校科技成果转化情况（2020年）

高校隶属	依托本单位科技成果成立的企业数（个）	本年以本单位知识产权作价投资形式注册的企业数（个）	本年以本单位知识产权作价投资合计折价金额（亿元）
中央	1097	140	9.34
教育部	885	109	6.25
其他部门	212	31	3.10
地方	4016	263	10.77
教育部门	3786	234	10.57
其他部门	215	29	0.17
具有法人资格的中外合作办学	4	0	0.00
地方企业	11	0	0.02
民办	378	75	0.24
总计	5491	478	20.35

表6-69　按“双一流”建设项目分普通高校科技成果转化情况（2020年）

高校分类	依托本单位科技成果成立的企业数（个）	本年以本单位知识产权作价投资形式注册的企业数（个）	本年以本单位知识产权作价投资合计折价金额（亿元）
“世界一流大学”建设高校	874	122	7.67
“世界一流学科”建设高校	615	72	2.41
其他高校	4002	284	10.26
总计	5491	478	20.35

表6-70　不同地区普通高校科技成果转化情况（2020年）

地区	依托本单位科技成果成立的企业数（个）	本年以本单位知识产权作价投资形式注册的企业数（个）	本年以本单位知识产权作价投资合计折价金额（亿元）
北　京	310	81	1.79
天　津	98	10	0.10
河　北	160	2	0.00
山　西	33	2	0.11
内蒙古	12	0	0.00

续表

地区	依托本单位科技成果成立的企业数（个）	本年以本单位知识产权作价投资形式注册的企业数（个）	本年以本单位知识产权作价投资合计折价金额（亿元）
辽　宁	200	26	1.23
吉　林	197	4	0.29
黑龙江	111	8	0.44
上　海	154	9	0.77
江　苏	785	43	0.82
浙　江	753	38	0.23
安　徽	87	8	0.91
福　建	161	12	0.34
江　西	131	21	2.52
山　东	340	63	3.02
河　南	252	6	0.14
湖　北	161	8	0.54
湖　南	273	36	3.17
广　东	312	43	1.29
广　西	13	4	0.16
海　南	35	1	0.01
重　庆	134	18	0.05
四　川	399	8	0.34
贵　州	33	2	0.00
云　南	91	2	0.23
西　藏	0	0	0.00
陕　西	177	22	1.86
甘　肃	64	1	0.01
青　海	2	0	0.00
宁　夏	2	0	0.00
新　疆	11	0	0.00
总计	5491	478	20.35

七、高校教师参与创新情况

监测结果显示，2020年，在同时担任教学和科研工作的高校教师中，31.0%的人每周花费20小时以上开展教学活动，37.8%的人每周花费20小时以上进行科研及学术工作，27.7%的人每周花12小时以上直接指导学生的科研及创新创业活动，21.3%的人每周花5小时以上参与社会服务活动。65.7%的教师认为科研工作对开展教学有比较大或非常大的促进作用，40.2%的教师认为教学工作对开展科研有比较大或非常大的促进作用。有88.6%和82.4%的教师吸纳过本科生和研究生参与科研项目，教师普遍认为参与科研对本科生养成科学严谨的态度及责任感、与人合作的能力、学科知识应用能力的提高和创新能力帮助较大或很大。有62.9%的教师与政府部门、企事业单位开展合作，共同培养学生，41.5%的教师表示效果较好或很好。75.3%的教师参与过多学科、跨学科或交叉学科合作培养学生，52.9%的教师表示效果较好或很好。

2020年，有37.3%的教师承担了横向项目，18.1%的项目合同金额在10万元以上；有63.0%的高校教师承担了纵向项目，30.7%的项目合同金额在10万元以上。59.8%的高校教师与企业、政府部门或事业单位合作开展过科研创新，71.3%的教师参与过跨学科、交叉学科或多学科合作的科研项目，46.1%的高校教师有过与国外学者合作开展科研工作的经历。

2020年，有6.4%的教师实现了创新成果转化，同时27.3%的教师有创新成果需要转化，在实现了创新成果转化的教师中，19.3%表示转化收益比较大或非常大。

对于学术生活的压力来源，分别有71.1%和59.8%的教师表示压力来源于科研和事务性工作。教师认为目前职称评聘中最重视的因素是纵向科研项目数量与金额，而最应该重视的因素是课堂教学评价结果。对于高校对专任教师开展的分类聘任与评价，有67.5%的教师表示同意。分别有74.2%和65.2%的教师表示学校建立了科技成果转化收益分配制度和科技成果转化纳入职称评定制度。46.8%的教师对职业感到满意。

（一）科技育人工作

1. 对科研、教学和社会服务活动的投入

表7-1　按高校类型分普通本科高校教师每周教学、科研和社会服务的时间分布情况

单位：%

活动类型	高校类型	给予各项活动不同时间分配的教师比例				
		5小时以下	5～12小时	13～20小时	21～30小时	30小时以上
教学	理工院校	8.4	30.0	32.8	15.1	13.8
	农林院校	8.5	25.1	33.2	15.4	17.9
	医药院校	14.8	23.4	28.2	16.7	16.9
	综合大学	10.5	28.9	32.5	13.6	14.5
	其他高校	8.0	26.0	29.8	16.3	19.9
	总计	9.5	27.8	31.8	15.1	15.9
自己的科研及学术工作	理工院校	14.2	23.9	25.0	12.6	24.2
	农林院校	13.9	26.0	22.6	13.5	24.0
	医药院校	17.7	28.8	21.6	9.4	22.6
	综合大学	12.7	22.7	20.5	13.7	30.4
	其他高校	17.9	25.9	21.3	11.0	24.0
	总计	14.8	24.7	22.7	12.4	25.4
直接指导学生的科研及创新创业活动	理工院校	31.9	40.6	17.1	4.7	5.8
	农林院校	31.3	40.5	16.2	4.1	7.9
	医药院校	40.1	33.2	13.7	4.6	8.5
	综合大学	30.5	38.1	17.5	4.7	9.1
	其他高校	39.5	36.5	13.2	4.2	6.7
	总计	33.8	38.5	16.0	4.5	7.2

续表

活动类型	高校类型	给予各项活动不同时间分配的教师比例				
		5小时以下	5～12小时	13～20小时	21～30小时	30小时以上
社会服务	理工院校	77.2	16.6	4.0	0.7	1.4
	农林院校	75.0	18.5	4.0	1.2	1.3
	医药院校	84.2	10.8	3.0	0.6	1.4
	综合大学	78.3	16.1	3.5	0.7	1.4
	其他高校	81.1	13.9	2.7	0.9	1.4
	总计	78.7	15.6	3.5	0.8	1.4

表7-2　按高校隶属分普通本科高校教师每周教学、科研和社会服务的时间分布情况

单位：%

活动类型	高校隶属	给予各项活动不同时间分配的教师比例				
		5小时以下	5～12小时	13～20小时	21～30小时	30小时以上
教学	中央	12.6	36.3	30.0	10.4	10.7
	中央教育部门	12.5	36.6	29.9	10.7	10.3
	中央其他部门	12.9	34.5	31.0	8.7	12.9
	地方	9.1	26.5	32.0	15.9	16.5
	地方教育部门	9.2	26.6	32.0	15.9	16.4
	地方其他部门	3.2	20.4	27.4	17.8	31.2
	民办	2.9	29.5	35.3	11.6	20.8
	总计	9.5	27.8	31.8	15.1	15.9
自己的科研及学术工作	中央	5.7	17.8	23.2	15.7	37.5
	中央教育部门	5.1	17.5	22.0	16.0	39.4
	中央其他部门	9.4	19.2	30.0	14.3	27.2
	地方	16.0	25.7	22.6	11.9	23.9
	地方教育部门	15.8	25.6	22.6	12.0	24.1
	地方其他部门	36.9	33.1	17.2	3.8	8.9
	民办	26.6	28.9	24.9	9.2	10.4
	总计	14.8	24.7	22.7	12.4	25.4

续表

活动类型	高校隶属	给予各项活动不同时间分配的教师比例				
		5小时以下	5～12小时	13～20小时	21～30小时	30小时以上
直接指导学生的科研及创新创业活动	中央	24.5	37.7	21.8	6.1	10.0
	中央教育部门	23.5	38.0	21.6	6.4	10.5
	中央其他部门	30.3	35.9	22.9	4.2	6.7
	地方	35.0	38.6	15.3	4.3	6.9
	地方教育部门	34.8	38.6	15.3	4.4	6.9
	地方其他部门	50.0	37.8	8.3	0.6	3.2
	民办	43.9	40.4	10.5	2.9	2.3
	总计	33.8	38.5	16.0	4.5	7.2
社会服务	中央	76.1	18.8	3.1	0.6	1.4
	中央教育部门	75.1	19.6	3.2	0.7	1.4
	中央其他部门	81.8	14.3	2.1	0.3	1.4
	地方	79.0	15.2	3.6	0.8	1.4
	地方教育部门	79.0	15.2	3.6	0.8	1.4
	地方其他部门	79.0	14.0	4.5	1.3	1.3
	民办	80.3	14.5	4.0	0.6	0.6
	总计	78.7	15.6	3.5	0.8	1.4

表7–3　按“双一流”建设项目分普通本科高校教师每周教学、科研和社会服务的时间分布情况

单位：%

活动类型	高校分类	给予各项活动不同时间分配的教师比例				
		5小时以下	5～12小时	13～20小时	21～30小时	30小时以上
教学	“双一流”建设高校*	12.1	32.9	31.1	12.5	11.3
	其他高校	8.6	26.1	32.0	16.0	17.3
	总计	9.5	27.8	31.8	15.1	15.9
自己的科研及学术工作	“双一流”建设高校*	8.2	19.5	22.6	15.2	34.5
	其他高校	17.0	26.4	22.7	11.4	22.5
	总计	14.8	24.7	22.7	12.4	25.4

续表

活动类型	高校分类	给予各项活动不同时间分配的教师比例				
		5小时以下	5～12小时	13～20小时	21～30小时	30小时以上
直接指导学生的科研及创新创业活动	“双一流”建设高校	25.2	38.3	21.4	5.6	9.5
	其他高校	36.5	38.5	14.3	4.2	6.5
	总计	33.8	38.5	16.0	4.5	7.2
社会服务	“双一流”建设高校	77.0	17.4	3.5	0.7	1.3
	其他高校	79.2	15.1	3.5	0.8	1.4
	总计	78.7	15.6	3.5	0.8	1.4

注：进入“世界一流大学”及“世界一流学科”建设项目的高校简称为“双一流”建设高校。下同。

2. 对教学科研关系的态度

表7-4 按高校类型分普通本科高校教师科研工作对开展教学的促进作用情况

单位：%

高校类型	教师科研工作对开展教学的促进作用				
	几乎没有	比较小	一般	比较大	非常大
理工院校	1.6	8.0	23.3	45.5	21.7
农林院校	1.3	6.4	22.7	43.1	26.4
医药院校	2.5	10.8	28.6	40.1	18.0
综合大学	1.6	7.3	23.4	43.9	23.8
其他高校	1.8	8.8	27.2	41.6	20.5
总计	1.7	8.1	24.5	43.6	22.1

表7-5　按高校隶属分普通本科高校教师科研工作对开展教学的促进作用情况

单位：%

高校隶属	教师科研工作对开展教学的促进作用				
	几乎没有	比较小	一般	比较大	非常大
中央	1.0	5.5	20.1	47.6	25.9
中央教育部门	1.1	5.6	19.5	47.9	25.8
中央其他部门	0.7	4.5	23.0	45.6	26.1
地方	1.8	8.4	25.1	43.0	21.7
地方教育部门	1.8	8.4	25.0	43.1	21.7
地方其他部门	3.8	13.4	30.6	33.8	18.5
民办	0.6	9.8	30.1	43.9	15.6
总计	1.7	8.1	24.5	43.6	22.1

表7-6　按“双一流”建设项目分普通本科高校教师科研工作对开展教学的促进作用情况

单位：%

高校分类	教师科研工作对开展教学的促进作用				
	几乎没有	比较小	一般	比较大	非常大
“双一流”建设高校	1.3	5.9	21.5	46.0	25.3
其他高校	1.8	8.8	25.5	42.8	21.1
总计	1.7	8.1	24.5	43.6	22.1

表7-7　按高校类型分普通本科高校教师教学对科研工作的促进作用情况

单位：%

高校类型	教师教学对科研工作的促进作用				
	几乎没有	比较小	一般	比较大	非常大
理工院校	6.1	17.6	37.7	29.9	8.6
农林院校	5.1	14.7	35.7	34.1	10.4
医药院校	5.7	16.2	35.6	32.4	10.1
综合大学	5.7	16.4	37.1	30.8	10.0
其他高校	5.5	17.3	38.0	30.6	8.6
总计	5.8	16.8	37.2	30.9	9.3

表7-8　按高校隶属分普通本科高校教师教学对科研工作的促进作用情况

单位：%

高校隶属	教师教学对科研工作的促进作用				
	几乎没有	比较小	一般	比较大	非常大
中央	5.7	16.5	35.6	33.3	8.9
中央教育部门	5.9	16.6	35.7	32.7	9.1
中央其他部门	4.5	15.7	35.2	36.6	8.0
地方	5.8	16.8	37.3	30.6	9.4
地方教育部门	5.8	16.9	37.4	30.6	9.3
地方其他部门	3.8	12.7	34.4	33.8	15.3
民办	2.9	18.5	42.2	28.9	7.5
总计	5.8	16.8	37.2	30.9	9.3

表7-9　按"双一流"建设项目分普通本科高校教师教学对科研工作的促进作用情况

单位：%

高校分类	教师教学对科研工作的促进作用				
	几乎没有	比较小	一般	比较大	非常大
"双一流"建设高校	5.8	16.1	36.7	32.1	9.2
其他高校	5.8	17.0	37.4	30.6	9.3
总计	5.8	16.8	37.2	30.9	9.3

表7-10　按高校类型分普通本科高校教师对平衡教学与科研的看法情况

单位：%

高校类型	教师对平衡教学与科研的看法				
	非常容易	比较容易	一般	比较困难	非常困难
理工院校	3.1	24.8	41.3	26.0	4.8
农林院校	3.3	24.0	40.3	26.5	5.9
医药院校	2.8	22.3	41.9	27.3	5.7
综合大学	3.1	26.8	40.7	24.3	5.1
其他高校	2.8	21.1	41.6	28.9	5.7
总计	3.0	24.3	41.2	26.3	5.2

表7-11　按高校隶属分普通本科高校教师对平衡教学与科研的看法情况

单位：%

高校隶属	教师对平衡教学与科研的看法				
	非常容易	比较容易	一般	比较困难	非常困难
中央	4.0	32.7	39.8	20.3	3.2
中央教育部门	3.7	32.6	40.0	20.6	3.0
中央其他部门	5.6	33.4	38.7	18.5	3.8
地方	2.9	23.1	41.4	27.1	5.5
地方教育部门	2.9	23.1	41.4	27.1	5.5
地方其他部门	2.5	15.9	47.1	26.1	8.3
民办	1.7	21.4	36.4	32.4	8.1
总计	3.0	24.3	41.2	26.3	5.2

表7-12　按“双一流”建设项目分普通本科高校教师对平衡教学与科研的看法情况

单位：%

高校分类	教师对平衡教学与科研的看法				
	非常容易	比较容易	一般	比较困难	非常困难
“双一流”建设高校	3.6	31.2	40.5	21.2	3.5
其他高校	2.8	22.0	41.4	28.0	5.8
总计	3.0	24.3	41.2	26.3	5.2

表7-13　按高校类型分普通本科高校教师将科研成果转化为教学资源情况

单位：%

高校类型	教师将科研成果转化为教学资源情况				
	几乎没有	比较小	一般	比较大	非常大
理工院校	4.3	19.1	40.4	31.2	5.0
农林院校	4.2	17.7	35.5	36.5	6.2
医药院校	8.4	26.6	40.5	21.3	3.2
综合大学	4.5	18.9	38.8	32.6	5.2
其他高校	4.7	21.7	41.5	27.8	4.3
总计	4.8	20.1	39.7	30.5	4.9

表7-14　按高校隶属分普通本科高校教师将科研成果转化为教学资源情况

单位：%

高校隶属	教师将科研成果转化为教学资源情况				
	几乎没有	比较小	一般	比较大	非常大
中央	3.2	14.9	34.8	40.0	7.1
中央教育部门	2.9	14.9	34.1	40.7	7.4
中央其他部门	4.9	14.6	38.7	35.9	5.9
地方	5.1	20.9	40.4	29.1	4.5
地方教育部门	5.0	20.8	40.3	29.3	4.5
地方其他部门	11.5	24.2	42.0	17.8	4.5
民办	2.9	21.4	43.4	28.9	3.5
总计	4.8	20.1	39.7	30.5	4.9

表7-15　按“双一流”建设项目分普通本科高校教师将科研成果转化为教学资源情况

单位：%

高校分类	教师将科研成果转化为教学资源情况				
	几乎没有	比较小	一般	比较大	非常大
“双一流”建设高校	3.6	16.3	36.5	37.3	6.2
其他高校	5.2	21.4	40.7	28.3	4.4
总计	4.8	20.1	39.7	30.5	4.9

表7-16　按高校类型分普通本科高校教师开展与教学水平提升或教学改革相关的科研情况

单位：%

高校类型	教师开展与教学水平提升或教学改革相关的科研情况				
	几乎没有	比较小	一般	比较多	非常多
理工院校	8.8	25.8	39.2	23.4	2.8
农林院校	9.0	25.9	40.2	22.6	2.4
医药院校	12.1	28.0	37.5	20.0	2.3
综合大学	11.5	27.2	37.9	20.5	2.9
其他高校	9.3	26.9	39.8	21.4	2.5
总计	9.9	26.6	39.0	21.9	2.7

表7-17　按高校隶属分普通本科高校教师开展与教学水平提升或教学改革相关的科研情况

单位：%

高校隶属	教师开展与教学水平提升或教学改革相关的科研情况				
	几乎没有	比较小	一般	比较多	非常多
中央	10.7	27.8	35.5	23.1	2.9
中央教育部门	11.3	27.5	35.5	22.9	2.7
中央其他部门	7.7	29.3	35.2	24.0	3.8
地方	9.8	26.4	39.5	21.7	2.6
地方教育部门	9.8	26.5	39.4	21.7	2.6
地方其他部门	7.0	16.6	49.7	24.2	2.5
民办	5.8	26.6	37.6	27.7	2.3
总计	9.9	26.6	39.0	21.9	2.7

表7-18　按“双一流”建设项目分普通本科高校教师开展与教学水平提升或教学改革相关的科研情况

单位：%

高校分类	教师开展与教学水平提升或教学改革相关的科研情况				
	几乎没有	比较小	一般	比较多	非常多
“双一流”建设高校	11.8	27.7	35.8	21.9	2.7
其他高校	9.3	26.2	40.0	21.9	2.7
总计	9.9	26.6	39.0	21.9	2.7

表7-19　影响普通本科高校教师对科研和教学工作精力分配的因素情况

单位：%

影响因素	无影响	较小	一般	较大	很大
个人兴趣及偏好	8.5	17.0	25.1	38.9	10.5
学科性质	5.6	12.3	30.3	43.0	8.8
国家政策导向	3.0	9.4	28.2	45.3	14.1
教学或科研经费数量	2.5	9.5	25.9	42.6	19.4
学校职称评聘制度	2.1	4.8	19.1	43.8	30.2
学校绩效激励制度	2.3	7.5	26.2	40.8	23.2
学术同行的认可	2.9	8.9	33.1	40.4	14.7
学生的需求	2.3	9.4	30.8	43.1	14.4

表7–20　按高校类型分普通本科高校教师对“要成为一名优秀的大学教师，就必须进行科研”的态度情况

单位：%

高校类型	教师对“要成为一名优秀的大学教师，就必须进行科研”的态度				
	不同意	较不同意	中立	比较同意	非常同意
理工院校	5.1	6.1	20.9	35.0	33.0
农林院校	4.3	6.4	22.4	36.3	30.7
医药院校	7.5	9.4	28.6	33.7	20.8
综合大学	4.7	6.1	21.0	35.1	33.1
其他高校	5.2	7.4	23.0	34.4	30.0
总计	5.2	6.7	22.2	34.9	31.0

表7–21　按高校隶属分普通本科高校教师对“要成为一名优秀的大学教师，就必须进行科研”的态度情况

单位：%

高校隶属	教师对“要成为一名优秀的大学教师，就必须进行科研”的态度				
	不同意	较不同意	中立	比较同意	非常同意
中央	3.4	5.3	17.2	37.2	36.9
中央教育部门	3.2	5.7	17.6	37.1	36.4
中央其他部门	4.2	3.1	15.3	37.6	39.7
地方	5.4	6.9	22.9	34.6	30.1
地方教育部门	5.3	7.0	22.9	34.6	30.2
地方其他部门	14.0	4.5	24.2	32.5	24.8
民办	5.8	5.8	24.3	33.5	30.6
总计	5.2	6.7	22.2	34.9	31.0

表7–22　按“双一流”建设项目分普通本科高校教师对“要成为一名优秀的大学教师，就必须进行科研”的态度情况

单位：%

高校分类	教师对“要成为一名优秀的大学教师，就必须进行科研”的态度				
	不同意	较不同意	中立	比较同意	非常同意
“双一流”建设高校	3.7	5.5	19.3	35.9	35.6
其他高校	5.6	7.1	23.2	34.6	29.5
总计	5.2	6.7	22.2	34.9	31.0

3. 吸纳本科生、研究生参与科研项目的情况

表7-23 按高校类型分曾吸纳本科生参与科研项目的普通本科高校教师比例情况

单位：%

高校类型	从不	偶尔	有时	较多	经常
理工院校	11.2	26.6	34.0	20.6	7.5
农林院校	8.9	17.7	30.2	29.5	13.7
医药院校	13.1	25.7	31.8	19.5	9.8
综合大学	10.0	22.8	34.1	23.4	9.7
其他高校	14.3	28.3	31.3	17.2	8.8
总计	11.4	25.0	32.9	21.5	9.2

表7-24 按高校隶属分曾吸纳本科生参与科研项目的普通本科高校教师比例情况

单位：%

高校隶属	从不	偶尔	有时	较多	经常
中央	8.5	21.7	34.4	24.6	10.8
中央教育部门	7.7	21.4	34.0	25.3	11.5
中央其他部门	12.5	23.0	36.6	21.3	6.6
地方	12.0	25.5	32.7	21.0	8.9
地方教育部门	11.8	25.4	32.7	21.1	9.0
地方其他部门	22.9	28.7	31.8	10.2	6.4
民办	5.8	22.5	35.3	26.6	9.8
总计	11.4	25.0	32.9	21.5	9.2

表7-25 按“双一流”建设项目分曾吸纳本科生参与科研项目的普通本科高校教师比例情况

单位：%

高校分类	从不	偶尔	有时	较多	经常
“双一流”建设高校	8.9	21.5	34.3	24.5	10.8
其他高校	12.3	26.1	32.5	20.5	8.7
总计	11.4	25.0	32.9	21.5	9.2

表7-26　按高校类型分曾吸纳研究生参与科研项目的普通本科高校教师比例情况

单位：%

高校类型	从不	偶尔	有时	较多	经常
理工院校	15.3	10.4	13.2	28.6	32.5
农林院校	17.0	8.2	12.3	26.1	36.5
医药院校	19.0	13.6	14.0	24.9	28.5
综合大学	15.9	10.0	12.7	24.5	36.8
其他高校	23.9	13.3	17.1	22.9	22.8
总计	17.6	10.9	13.8	26.0	31.7

表7-27　按高校隶属分曾吸纳研究生参与科研项目的普通本科高校教师比例情况

单位：%

高校隶属	从不	偶尔	有时	较多	经常
中央	6.2	6.8	11.6	28.6	46.8
中央教育部门	5.9	6.8	11.7	29.1	46.6
中央其他部门	7.7	7.0	11.5	25.8	48.1
地方	18.9	11.4	14.1	25.8	29.9
地方教育部门	18.3	11.4	14.1	26.0	30.2
地方其他部门	69.4	10.2	11.5	5.7	3.2
民办	42.2	24.9	13.9	12.7	6.4
总计	17.6	10.9	13.8	26.0	31.7

表7-28　按“双一流”建设项目分曾吸纳研究生参与科研项目的普通本科高校教师比例情况

单位：%

高校分类	从不	偶尔	有时	较多	经常
“双一流”建设高校	7.9	7.3	10.6	27.6	46.6
其他高校	20.7	12.1	14.8	25.4	26.9
总计	17.6	10.9	13.8	26.0	31.7

表7-29　本科生参与科研项目的收获情况

单位：%

本科生参与科研项目的主要工作	没有帮助	帮助较小	一般	帮助较大	帮助很大
(1)科研创新成果的产出	5.4	40.7	36.7	14.0	3.2
(2)学生学科知识应用能力的提高	0.5	6.6	22.2	55.7	15.0
(3)学生自身创新能力的提高	0.4	5.5	22.6	55.6	16.0
(4)学生与人合作能力的提高	0.3	3.5	19.1	59.8	17.2
(5)学生科学严谨的态度及责任感	0.3	3.7	17.9	57.6	20.5
(6)指导教师的学术进步	7.0	25.4	38.5	23.8	5.3

表7-30　硕士研究生参与科研项目的收获情况

单位：%

研究生参与科研项目的主要工作	没有帮助	帮助较小	一般	帮助较大	帮助很大
(1)科研创新成果的产出	0.5	6.6	25.0	48.4	19.5
(2)学生学科知识应用能力的提高	0.1	1.7	11.8	54.4	32.1
(3)学生自身创新能力的提高	0.1	1.6	12.4	52.0	33.8
(4)学生与人合作能力的提高	0.1	1.6	12.7	54.3	31.3
(5)学生科学严谨的态度及责任感	0.1	1.2	10.0	52.3	36.4
(6)指导教师的学术进步	0.9	7.3	28.1	46.7	17.0

表7-31　按高校类型分普通本科高校教师与政府部门、企业或事业单位开展合作、共同培养学生的频率情况

单位：%

高校类型	高校教师与政府部门、企业或事业单位开展合作、共同培养学生的频率				
	从不	偶尔	有时	较多	经常
理工院校	31.2	30.2	22.7	12.4	3.4
农林院校	34.1	30.7	21.0	11.0	3.2
医药院校	51.3	24.8	15.2	6.6	2.1
综合大学	37.8	27.0	20.2	11.4	3.7
其他高校	42.5	30.1	18.6	6.7	2.1
总计	37.1	29.0	20.4	10.4	3.1

表7-32　按高校隶属分普通本科高校教师与政府部门、企业或事业单位开展合作、共同培养学生的频率情况

单位：%

高校隶属	高校教师与政府部门、企业或事业单位开展合作、共同培养学生的频率				
	从不	偶尔	有时	较多	经常
中央	34.1	28.6	20.6	13.1	3.7
中央教育部门	32.9	28.7	21.1	13.6	3.6
中央其他部门	40.8	27.5	17.8	10.1	3.8
地方	37.7	29.0	20.4	9.9	3.0
地方教育部门	37.7	29.0	20.4	9.9	3.0
地方其他部门	40.1	27.4	19.7	11.5	1.3
民办	28.3	32.4	21.4	15.0	2.9
总计	37.1	29.0	20.4	10.4	3.1

表7-33　按“双一流”建设项目分普通本科高校教师与政府部门、企业或事业单位开展合作、共同培养学生的频率情况

单位：%

高校分类	高校教师与政府部门、企业或事业单位开展合作、共同培养学生的频率				
	从不	偶尔	有时	较多	经常
“双一流”建设高校	35.2	28.4	20.0	12.3	4.1
其他高校	37.8	29.2	20.5	9.7	2.8
总计	37.1	29.0	20.4	10.4	3.1

表7-34　按高校类型分普通本科高校与政府部门、企业或事业单位合作培养学生的效果情况

单位：%

高校类型	高校与政府部门、企业或事业单位合作培养学生的效果				
	没有效果	效果不好	效果一般	效果较好	效果很好
理工院校	2.9	7.7	45.7	39.1	4.5
农林院校	2.1	5.0	46.4	42.2	4.3
医药院校	4.7	5.9	50.1	35.0	4.3
综合大学	3.2	8.1	48.1	36.1	4.4
其他高校	3.7	7.7	51.7	33.2	3.7
总计	3.2	7.3	47.9	37.2	4.3

表7-35 按高校隶属分普通本科高校与政府部门、企业或事业单位合作培养学生的效果情况

单位：%

高校隶属	高校与政府部门、企业或事业单位合作培养学生的效果				
	没有效果	效果不好	效果一般	效果较好	效果很好
中央	3.3	8.7	50.8	32.8	4.3
中央教育部门	3.2	8.9	51.3	32.4	4.1
中央其他部门	3.8	7.7	48.4	34.8	5.2
地方	3.2	7.1	47.5	37.8	4.3
地方教育部门	3.2	7.2	47.6	37.7	4.3
地方其他部门	5.1	3.8	40.1	45.2	5.7
民办	1.7	5.2	45.1	42.2	5.8
总计	3.2	7.3	47.9	37.2	4.3

表7-36 按“双一流”建设项目分普通本科高校与政府部门、企业或事业单位合作培养学生的效果情况情况

单位：%

高校分类	高校与政府部门、企业或事业单位合作培养学生的效果				
	没有效果	效果不好	效果一般	效果较好	效果很好
“双一流”建设高校	2.6	8.9	49.3	35.1	4.1
其他高校	3.4	6.8	47.5	37.9	4.4
总计	3.2	7.3	47.9	37.2	4.3

表7-37 按高校类型分普通本科高校教师参与多学科、跨学科或交叉学科人才培养工作的频率情况情况

单位：%

高校类型	高校教师参与多学科、跨学科或交叉学科人才培养工作的频率				
	从不	偶尔	有时	较多	经常
理工院校	22.5	33.3	26.7	14.0	3.6
农林院校	22.3	35.3	27.5	11.9	3.0
医药院校	29.6	34.3	22.5	10.4	3.2
综合大学	24.5	32.5	25.3	13.5	4.1
其他高校	28.2	35.5	23.1	10.7	2.4
总计	24.7	33.8	25.4	12.7	3.4

表7–38　按高校隶属分普通本科高校教师参与多学科、跨学科或交叉学科人才培养工作的频率情况

单位：%

高校隶属	高校教师参与多学科、跨学科或交叉学科人才培养工作的频率				
	从不	偶尔	有时	较多	经常
中央	20.9	33.2	25.4	15.8	4.7
中央教育部门	19.9	33.3	25.9	16.1	4.8
中央其他部门	26.5	32.8	22.6	13.9	4.2
地方	25.2	34.0	25.3	12.2	3.2
地方教育部门	25.2	34.1	25.3	12.2	3.2
地方其他部门	29.9	28.7	26.1	12.1	3.2
民办	27.2	27.2	30.1	12.7	2.9
总计	24.7	33.8	25.4	12.7	3.4

表7–39　按“双一流”建设项目分普通本科高校教师参与多学科、跨学科或交叉学科人才培养工作的频率情况

单位：%

高校分类	高校教师参与多学科、跨学科或交叉学科人才培养工作的频率				
	从不	偶尔	有时	较多	经常
“双一流”建设高校	22.3	32.6	25.5	15.0	4.6
其他高校	25.5	34.2	25.4	11.9	3.0
总计	24.7	33.8	25.4	12.7	3.4

表7–40　按高校类型分多学科、跨学科及交叉学科合作培养学生的效果情况

单位：%

高校类型	多学科、跨学科及交叉学科合作培养学生的效果				
	没有效果	效果不好	效果一般	效果较好	效果很好
理工院校	2.4	4.4	39.2	47.6	6.4
农林院校	1.0	3.4	37.5	51.4	6.8
医药院校	3.2	3.9	38.7	46.0	8.3
综合大学	1.8	4.7	42.0	44.6	7.0
其他高校	2.7	4.8	43.8	43.2	5.5
总计	2.2	4.4	40.5	46.3	6.6

表7-41　按高校隶属分多学科、跨学科及交叉学科合作培养学生的效果情况

单位：%

高校隶属	多学科、跨学科及交叉学科合作培养学生的效果				
	没有效果	效果不好	效果一般	效果较好	效果很好
中央	1.7	4.7	39.9	46.4	7.2
中央教育部门	1.6	4.8	40.2	46.1	7.3
中央其他部门	2.1	4.2	38.7	48.1	7.0
地方	2.3	4.3	40.5	46.3	6.5
地方教育部门	2.3	4.3	40.5	46.4	6.5
地方其他部门	5.1	4.5	43.9	38.9	7.6
民办	1.2	5.2	41.6	45.7	6.4
总计	2.2	4.4	40.5	46.3	6.6

表7-42　按“双一流”建设项目分多学科、跨学科及交叉学科合作培养学生的效果情况

单位：%

高校分类	多学科、跨学科及交叉学科合作培养学生的效果				
	没有效果	效果不好	效果一般	效果较好	效果很好
“双一流”建设高校	1.6	4.3	39.5	47.5	7.1
其他高校	2.4	4.4	40.8	46.0	6.5
总计	2.2	4.4	40.5	46.3	6.6

（二）产学研合作创新

1. 承担横向课题的情况

表7-43　按高校类型分普通本科高校教师本年度新承担的横向项目情况

单位：%

高校类型	本年度新承担相应横向项目数量的教师比例				
	无	1～3项	4～6项	7～9项	10项以上
理工院校	54.7	41.4	3.0	0.5	0.4
农林院校	62.1	35.2	1.9	0.4	0.4
医药院校	75.9	22.2	1.4	0.4	0.1

续表

高校类型	本年度新承担相应横向项目数量的教师比例				
	无	1～3项	4～6项	7～9项	10项以上
综合大学	62.5	34.6	2.3	0.4	0.2
其他高校	72.1	26.3	1.1	0.3	0.2
总计	62.7	34.4	2.2	0.4	0.3

表7–44　按高校隶属分普通本科高校教师本年度新承担的横向项目情况

单位：%

高校隶属	本年度新承担相应横向项目数量的教师比例				
	无	1～3项	4～6项	7～9项	10项以上
中央	50.9	44.5	3.6	0.5	0.5
中央教育部门	50.4	44.7	3.8	0.5	0.6
中央其他部门	54.1	43.1	2.5	0.4	0.0
地方	64.5	32.9	2.0	0.4	0.3
地方教育部门	64.5	32.9	2.0	0.4	0.3
地方其他部门	62.2	35.3	1.3	1.3	0.0
民办	54.7	40.6	3.5	1.2	0.0
总计	62.7	34.4	2.2	0.4	0.3

表7–45　按“双一流”建设项目分普通本科高校教师本年度新承担的横向项目情况

单位：%

高校分类	本年度新承担相应横向项目数量的教师比例				
	无	1～3项	4～6项	7～9项	10项以上
“双一流”建设高校	56.6	39.7	2.9	0.4	0.4
其他高校	64.6	32.7	1.9	0.4	0.3
总计	62.7	34.4	2.2	0.4	0.3

表7-46　按高校类型分普通本科高校教师本年度新承担的横向项目合同金额情况

单位：%

高校类型	本年度新承担相应横向项目合同金额的比例				
	无	小于10万元	10万～50万元	50万～100万元	100万元以上
理工院校	54.5	20.9	17.8	4.5	2.4
农林院校	63.7	20.7	13.4	1.3	0.9
医药院校	76.1	14.0	7.2	2.0	0.7
综合大学	62.9	17.7	14.8	3.0	1.7
其他高校	73.6	16.9	7.8	0.7	0.9
总计	63.2	18.7	13.7	2.8	1.6

表7-47　按高校隶属分普通本科高校教师本年度新承担的横向项目合同金额情况

单位：%

高校隶属	本年度新承担相应横向项目合同金额的比例				
	无	小于10万元	10万～50万元	50万～100万元	100万元以上
中央	50.8	16.8	21.0	6.8	4.6
中央教育部门	50.1	16.8	21.2	6.7	5.2
中央其他部门	54.4	17.1	19.9	7.3	1.4
地方	65.1	18.9	12.6	2.2	1.2
地方教育部门	65.0	18.8	12.7	2.3	1.2
地方其他部门	69.4	23.6	5.1	1.9	0.0
民办	54.9	27.2	13.3	4.0	0.6
总计	63.2	18.7	13.7	2.8	1.6

表7-48　按“双一流”建设项目分普通本科高校教师本年度新承担的横向项目合同金额情况

单位：%

高校分类	本年度新承担相应横向项目合同金额的比例				
	无	小于10万元	10万～50万元	50万～100万元	100万元以上
“双一流”建设高校	56.3	16.4	18.6	5.3	3.3
其他高校	65.4	19.4	12.1	2.1	1.1
总计	63.2	18.7	13.7	2.8	1.6

2. 承担纵向课题的情况

表7–49 按高校类型分普通本科高校教师本年度新承担的纵向项目情况

单位：%

高校类型	本年度新承担相应纵向项目数量的教师比例				
	无	1～3项	4～6项	7～9项	10项以上
理工院校	37.0	59.6	2.9	0.3	0.2
农林院校	35.2	60.5	3.4	0.6	0.3
医药院校	38.2	58.0	2.8	0.7	0.3
综合大学	37.2	60.3	2.2	0.2	0.1
其他高校	37.0	60.0	2.6	0.2	0.1
总计	37.0	59.8	2.7	0.3	0.2

表7–50 按高校隶属分普通本科高校教师本年度新承担的纵向项目情况

单位：%

高校隶属	本年度新承担相应纵向项目数量的教师比例				
	无	1～3项	4～6项	7～9项	10项以上
中央	30.0	66.4	3.1	0.4	0.1
中央教育部门	29.4	66.9	3.2	0.4	0.1
中央其他部门	33.4	63.4	2.4	0.3	0.3
地方	37.8	59.0	2.7	0.3	0.2
地方教育部门	37.6	59.2	2.7	0.3	0.2
地方其他部门	55.4	42.7	1.3	0.6	0.0
民办	50.9	47.4	1.7	0.0	0.0
总计	37.0	59.8	2.7	0.3	0.2

表7–51 按“双一流”建设项目分普通本科高校教师本年度新承担的纵向项目情况

单位：%

高校分类	本年度新承担相应纵向项目数量的教师比例				
	无	1～3项	4～6项	7～9项	10项以上
“双一流”建设高校	32.2	64.1	3.1	0.4	0.1
其他高校	38.5	58.4	2.6	0.3	0.2
总计	37.0	59.8	2.7	0.3	0.2

表7-52 按高校类型分普通本科高校教师本年度新承担的纵向项目合同金额情况

单位：%

高校类型	本年度新承担相应纵向项目合同金额的比例				
	无	小于10万元	10万～50万元	50万～100万元	100万元以上
理工院校	37.0	31.4	24.0	5.1	2.5
农林院校	36.4	30.2	26.2	5.3	1.8
医药院校	41.3	32.8	19.7	5.0	1.2
综合大学	38.4	27.1	24.8	7.6	2.1
其他高校	39.9	34.9	20.2	3.8	1.2
总计	38.2	31.1	23.3	5.5	2.0

表7-53 按高校隶属分普通本科高校教师本年度新承担的纵向项目合同金额情况

单位：%

高校隶属	本年度新承担相应纵向项目合同金额的比例				
	无	小于10万元	10万～50万元	50万～100万元	100万元以上
中央	29.3	19.8	29.7	14.0	7.3
中央教育部门	28.9	19.2	30.5	14.3	7.1
中央其他部门	31.4	23.3	25.1	11.8	8.4
地方	39.4	32.6	22.5	4.3	1.2
地方教育部门	39.1	32.7	22.7	4.3	1.2
地方其他部门	63.1	30.6	5.1	1.3	0.0
民办	50.3	37.0	11.0	1.7	0.0
总计	38.2	31.1	23.3	5.5	2.0

表7-54 按“双一流”建设项目分普通本科高校教师本年度新承担的纵向项目合同金额情况

单位：%

高校分类	本年度新承担相应纵向项目合同金额的比例				
	无	小于10万元	10万～50万元	50万～100万元	100万元以上
“双一流”建设高校	32.4	22.1	29.6	10.9	5.0
其他高校	40.1	34.0	21.2	3.7	1.0
总计	38.2	31.1	23.3	5.5	2.0

3. 合作科研情况

表7-55　按高校类型分普通本科高校教师与政府部门、企业或事业单位合作开展科研创新的情况

单位：%

高校类型	高校教师与政府部门、企业或事业单位合作开展科研创新的情况				
	产品研发	工艺、技术改进	专业咨询服务	其他类型的合作	未开展过合作
理工院校	27.5	24.4	27.8	14.8	31.1
农林院校	19.1	15.7	32.0	16.1	38.7
医药院校	14.0	9.0	14.4	14.5	58.8
综合大学	22.4	18.2	26.1	15.1	39.7
其他高校	12.7	8.8	27.7	14.7	49.9
总计	21.3	17.5	26.5	15.0	40.2

表7-56　按高校隶属分普通本科高校教师与政府部门、企业或事业单位合作开展科研创新的情况

单位：%

高校隶属	高校教师与政府部门、企业或事业单位合作开展科研创新的情况				
	产品研发	工艺、技术改进	专业咨询服务	其他类型的合作	未开展过合作
中央	28.3	21.8	29.1	12.6	33.2
中央教育部门	28.7	22.1	28.9	12.3	32.8
中央其他部门	26.1	20.2	30.3	13.9	35.5
地方	20.2	17.0	25.9	15.3	41.4
地方教育部门	20.3	17.0	25.9	15.3	41.3
地方其他部门	13.4	13.4	27.4	15.3	46.5
民办	22.5	11.6	38.7	16.8	28.9
总计	21.3	17.5	26.5	15.0	40.2

表7-57　按“双一流”建设项目分普通本科高校教师与政府部门、企业或事业单位合作开展科研创新的情况

单位：%

高校分类	高校教师与政府部门、企业或事业单位合作开展科研创新的情况				
	产品研发	工艺、技术改进	专业咨询服务	其他类型的合作	未开展过合作
“双一流”建设高校	26.3	20.2	27.9	13.9	35.5
其他高校	19.7	16.7	26.0	15.3	41.7
总计	21.3	17.5	26.5	15.0	40.2

表7-58 按高校类型分普通本科高校教师参与跨学科、交叉学科或多学科合作的科研项目情况

单位：%

高校类型	高校教师参与跨学科、交叉学科或多学科合作的科研项目情况				
	从不	偶尔	有时	较多	经常
理工院校	24.8	40.4	22.0	10.0	2.8
农林院校	27.3	40.2	20.5	9.8	2.1
医药院校	34.9	38.4	17.9	6.4	2.4
综合大学	28.3	38.7	20.0	9.8	3.2
其他高校	34.7	40.2	16.2	6.9	2.0
总计	28.7	39.8	19.9	9.0	2.6

表7-59 按高校隶属分普通本科高校教师参与跨学科、交叉学科或多学科合作的科研项目情况

单位：%

高校隶属	高校教师参与跨学科、交叉学科或多学科合作的科研项目情况				
	从不	偶尔	有时	较多	经常
中央	22.2	38.8	21.6	13.4	4.0
中央教育部门	22.3	38.3	21.4	13.6	4.4
中央其他部门	21.6	41.1	23.0	12.5	1.7
地方	29.7	39.9	19.6	8.4	2.4
地方教育部门	29.5	40.0	19.7	8.4	2.4
地方其他部门	46.5	34.4	11.5	6.4	1.3
民办	28.9	37.6	23.1	9.2	1.2
总计	28.7	39.8	19.9	9.0	2.6

表7-60 按“双一流”建设项目分普通本科高校教师参与跨学科、交叉学科或多学科合作的科研项目情况

单位：%

高校分类	高校教师参与跨学科、交叉学科或多学科合作的科研项目情况				
	从不	偶尔	有时	较多	经常
“双一流”建设高校	24.5	38.0	21.5	12.1	3.9
其他高校	30.1	40.3	19.4	8.0	2.2
总计	28.7	39.8	19.9	9.0	2.6

表7-61　按高校类型分普通本科高校教师与国外学者合作开展科研工作情况

单位：%

高校类型	高校教师与国外学者合作开展科研工作情况				
	从不	偶尔	有时	较多	经常
理工院校	50.8	26.9	13.8	6.2	2.4
农林院校	55.7	26.3	11.8	4.8	1.5
医药院校	66.7	18.7	9.3	2.9	2.3
综合大学	50.2	25.0	15.1	7.0	2.7
其他高校	56.8	23.4	12.1	4.9	2.7
总计	53.9	24.9	13.1	5.7	2.4

表7-62　按高校隶属分普通本科高校教师与国外学者合作开展科研工作情况

单位：%

高校隶属	高校教师与国外学者合作开展科研工作情况				
	从不	偶尔	有时	较多	经常
中央	34.7	30.3	20.1	10.9	4.1
中央教育部门	33.8	30.1	20.6	11.3	4.2
中央其他部门	39.4	31.0	17.4	8.7	3.5
地方	56.6	24.2	12.1	4.9	2.2
地方教育部门	56.3	24.4	12.2	4.9	2.2
地方其他部门	79.0	12.1	5.1	2.5	1.3
民办	61.3	22.0	12.1	4.0	0.6
总计	53.9	24.9	13.1	5.7	2.4

表7-63　按“双一流”建设项目分普通本科高校教师与国外学者合作开展科研工作情况

单位：%

高校分类	高校教师与国外学者合作开展科研工作情况				
	从不	偶尔	有时	较多	经常
“双一流”建设高校	39.7	28.8	18.2	9.3	4.0
其他高校	58.5	23.7	11.5	4.5	1.9
总计	53.9	24.9	13.1	5.7	2.4

（三）创新成果转化

表7-64　按高校类型分普通本科高校教师创新成果转化的情况（2020年）

单位：%

高校类型	创新成果实现转化的情况		创新成果需要转化的情况	
	有	没有	有	没有
理工院校	8.6	91.4	32.9	67.1
农林院校	5.7	94.3	26.9	73.1
医药院校	4.2	95.8	19.4	80.6
综合大学	6.0	94.0	29.4	70.6
其他高校	4.2	95.8	17.8	82.2
总计	6.4	93.6	27.3	72.7

表7-65　按高校隶属分普通本科高校教师创新成果转化的情况（2020年）

单位：%

高校隶属	创新成果实现转化的情况		创新成果需要转化的情况	
	有	没有	有	没有
中央	7.6	92.4	36.2	63.8
中央教育部门	8.1	91.9	36.6	63.4
中央其他部门	4.5	95.5	33.8	66.2
地方	6.3	93.7	26.1	73.9
地方教育部门	6.3	93.7	26.2	73.8
地方其他部门	6.4	93.6	22.3	77.7
民办	3.5	96.5	15.6	84.4
总计	6.4	93.6	27.3	72.7

表7-66　按“双一流”建设项目分普通本科高校教师创新成果转化的情况（2020年）

单位：%

高校分类	创新成果实现转化的情况		创新成果需要转化的情况	
	有	没有	有	没有
“双一流”建设高校	7.4	92.6	34.6	65.4
其他高校	6.1	93.9	24.9	75.1
总计	6.4	93.6	27.3	72.7

表7-67 按高校类型分普通本科高校教师技术成果转化收益情况（2020年）

单位：%

高校类型	高校教师技术成果转化收益情况				
	几乎没有	比较小	一般	比较大	非常大
理工院校	10.8	21.9	46.8	18.4	2.1
农林院校	22.6	21.5	35.5	18.3	2.2
医药院校	21.0	16.1	38.7	22.6	1.6
综合大学	13.7	21.6	46.6	17.2	1.0
其他高校	20.9	29.6	36.5	9.6	3.5
总计	14.5	22.4	43.9	17.3	2.0

表7-68 按高校隶属分普通本科高校教师技术成果转化收益情况（2020年）

单位：%

高校隶属	高校教师技术成果转化收益情况				
	几乎没有	比较小	一般	比较大	非常大
中央	7.1	19.1	51.8	22.0	0.0
中央教育部门	7.8	18.8	53.1	20.3	0.0
中央其他部门	0.0	23.1	38.5	38.5	0.0
地方	15.9	23.1	42.3	16.4	2.4
地方教育部门	15.5	23.0	42.5	16.6	2.4
地方其他部门	40.0	30.0	30.0	0.0	0.0
民办	0.0	0.0	66.7	33.3	0.0
总计	14.5	22.4	43.9	17.3	2.0

表7-69 按“双一流”建设项目分普通本科高校教师技术成果转化收益情况（2020年）

单位：%

高校分类	高校教师技术成果转化收益情况				
	几乎没有	比较小	一般	比较大	非常大
“双一流”建设高校	9.3	22.0	47.0	20.1	1.5
其他高校	16.5	22.5	42.6	16.2	2.2
总计	14.5	22.4	43.9	17.3	2.0

（四）创新环境

1. 压力来源情况

表7–70　按高校类型分普通本科高校教师学术生活的压力来源情况（2020年）

单位：%

高校类型	学术生活的压力来源					
	科研	教学	指导学生	处理人际关系	事务性工作	其他
理工院校	69.2	44.6	26.8	23.8	60.7	5.8
农林院校	69.7	46.7	29.5	23.4	60.0	5.3
医药院校	74.3	43.6	25.9	19.8	58.9	5.6
综合大学	73.3	43.2	30.1	21.8	57.4	6.3
其他高校	71.1	43.5	25.2	20.2	61.2	5.9
总计	71.1	44.2	27.5	22.2	59.8	5.9

注：包括处理课题报销及其他各种事务性工作。下同。

表7–71　按高校隶属分普通本科高校教师学术生活的压力来源情况（2020年）

单位：%

高校隶属	学术生活的压力来源					
	科研	教学	指导学生	处理人际关系	事务性工作	其他
中央	73.9	38.7	31.7	25.3	57.0	5.7
中央教育部门	75.1	38.7	31.6	24.9	56.7	6.5
中央其他部门	67.2	38.7	32.4	27.9	58.5	1.7
地方	70.7	44.9	27.0	21.9	60.1	5.9
地方教育部门	70.7	44.8	27.0	21.9	60.2	5.9
地方其他部门	72.0	49.0	22.3	18.5	56.1	3.8
民办	67.6	54.3	19.1	15.6	63.6	4.6
总计	71.1	44.2	27.5	22.2	59.8	5.9

表7–72　2020年按“双一流”建设项目分普通本科高校教师学术生活的压力来源情况

单位：%

高校分类	学术生活的压力来源					
	科研	教学	指导学生	处理人际关系	事务性工作	其他
“双一流”建设高校	73.3	39.4	32.0	24.0	58.1	6.0
其他高校	70.3	45.7	26.0	21.6	60.3	5.8
总计	71.1	44.2	27.5	22.2	59.8	5.9

2. 职称评聘情况

表7–73　普通本科高校教师职称评聘中的因素

	当前最重视的因素		最应该重视的因素	
	个案数	个案占比（%）	个案数	个案占比（%）
教学成果奖	7554	51.1	5971	40.4
指导学生获得技能大赛、创新创业大赛奖项	3787	25.6	5327	36.0
课堂教学评价结果	3063	20.7	7961	53.8
论文数量	9065	61.3	3658	24.7
论文影响因子及引用率	7652	51.7	7368	49.8
纵向科研项目数量与金额	10 925	73.9	7054	47.7
横向科研项目数量与金额	3437	23.2	2614	17.7
拥有高级资格证书	381	2.6	481	3.3
行业、企业的工作或实践经历	342	2.3	2084	14.1
专利	1770	12.0	1760	11.9
专著	1912	12.9	1709	11.6
技术成果转让金额	926	6.3	2062	13.9
高水平的社会兼职	202	1.4	1036	7.0
科研成果获奖	7726	52.2	5020	33.9
各类人才帽子	3922	26.5	487	3.3
其他	213	1.4	525	3.5

表7-74　按高校类型分普通本科高校教师对专任教师开展分类聘任与评价的态度情况

单位：%

高校类型	对专任教师开展分类聘任与评价的态度				
	不同意	较不同意	中立	比较同意	非常同意
理工院校	2.8	3.4	26.3	45.7	21.8
农林院校	1.9	2.9	23.2	47.4	24.6
医药院校	1.6	3.4	30.6	46.1	18.4
综合大学	1.9	3.4	26.1	45.7	23.0
其他高校	3.3	2.8	28.8	43.9	21.1
总计	2.4	3.2	26.8	45.6	21.9

表7-75　按高校隶属分普通本科高校教师对专任教师开展分类聘任与评价的态度情况

单位：%

高校隶属	对专任教师开展分类聘任与评价的态度				
	不同意	较不同意	中立	比较同意	非常同意
中央	1.8	3.5	22.7	48.4	23.7
中央教育部门	1.6	3.3	23.0	47.3	24.8
中央其他部门	2.8	4.5	20.9	54.4	17.4
地方	2.5	3.2	27.4	45.2	21.7
地方教育部门	2.5	3.2	27.4	45.3	21.7
地方其他部门	3.8	4.5	32.5	37.6	21.7
民办	1.7	4.6	26.6	46.2	20.8
总计	2.4	3.2	26.8	45.6	21.9

表7-76　按“双一流”建设项目分普通本科高校教师对专任教师开展分类聘任与评价的态度情况

单位：%

高校分类	对专任教师开展分类聘任与评价的态度				
	不同意	较不同意	中立	比较同意	非常同意
“双一流”建设高校	1.9	3.1	24.1	47.0	23.8
其他高校	2.6	3.3	27.7	45.2	21.3
总计	2.4	3.2	26.8	45.6	21.9

表7–77　按高校类型分科技成果转化参与收益分配和职称评定的情况

单位：%

高校类型	建立科技成果转化收益分配制度		科技成果转化纳入职称评定条件	
	是	否	是	否
理工院校	77.9	22.1	68.1	31.9
农林院校	76.2	23.8	67.7	32.3
医药院校	71.0	29.0	66.2	33.8
综合大学	75.1	24.9	62.4	37.6
其他高校	66.1	33.9	60.6	39.4
总计	74.2	25.8	65.2	34.8

表7–78　按高校隶属分科技成果转化参与收益分配和职称评定的情况

单位：%

高校隶属	建立科技成果转化收益分配制度		科技成果转化纳入职称评定条件	
	是	否	是	否
中央	82.1	17.9	60.9	39.1
中央教育部门	81.8	18.2	59.9	40.1
中央其他部门	84.0	16.0	66.2	33.8
地方	73.3	26.7	66.1	33.9
地方教育部门	73.4	26.6	66.1	33.9
地方其他部门	66.2	33.8	68.8	31.2
民办	53.8	46.2	42.8	57.2
总计	74.2	25.8	65.2	34.8

表7–79　按“双一流”建设项目分科技成果转化参与收益分配和职称评定的情况

单位：%

高校分类	建立科技成果转化收益分配制度		科技成果转化纳入职称评定条件	
	是	否	是	否
“双一流”建设高校	80.4	19.6	61.3	38.7
其他高校	72.2	27.8	66.4	33.6
总计	74.2	25.8	65.2	34.8

3. 平台及制度设计

表7–80　普通本科高校教师对学校提供的平台及制度设计满意情况

单位：%

学校提供的平台及制度设计	很不满意	较不满意	中立	较满意	很满意
（1）论文等级制度	6.4	13.8	45.1	30.2	4.6
（2）项目等级制度	4.7	10.5	46.8	33.1	4.9
（3）学生评教制度	5.1	10.6	44.2	35.0	5.1
（4）职称评聘制度	7.1	15.5	46.1	27.3	4.1
（5）教学奖励制度	5.5	12.8	47.8	29.4	4.5
（6）科研成果奖励制度	5.0	11.9	46.5	31.7	4.9
（7）科研成果转化的支持与服务制度	3.0	7.6	54.2	30.2	4.9
（8）科研成果转化的激励制度	3.1	7.7	53.7	30.4	5.1
（9）教师进修培训等职业发展支持制度	4.6	11.6	44.3	33.5	6.0
（10）所在学科的科研创新平台	6.2	14.5	43.5	30.0	5.8
（11）对高校教师职业的总体满意度	2.6	11.4	39.3	40.7	6.1

八、高校学生参与创新情况

监测报告显示，2020年，本科生发表学术期刊论文的比例为14.7%；其中，已发表学术期刊论文的学生中，人均发表数量为1.74篇；本科生发表会议论文的比例为7.9%；其中，已发表会议论文的学生中，人均发表数量为1.78篇。研究生以“一作”身份发表学术期刊论文的比例为47.5%；其中，已发表会议论文的学生中，人均发表数量为2.13篇。本科生参加省部级以上创新创业大赛和科技学术类竞赛的比例分别为15.1%和13.2%；研究生参加省部级以上创新创业大赛和科技学术类竞赛的比例分别为9.8%和11.0%。本科生独立申请专利和获得专利授权的比例分别为5.5%和6.0%；研究生独立申请专利和获得专利授权的比例分别为15.6%和11.6%。本科生参与完成软件开发设计与完成改进试验的比例分别为8.0%和14.0%。本科生独立参加学术会议报告的比例为4.4%，其中参加的学生平均参与2.52次；研究生独立参加学术会议报告的比例为19.7%，其中参加的学生平均参与2.09次。58.1%的本科生和36.9%的研究生曾参与创新创业竞赛，参加的学生中本科生和研究生平均参与次数分别为1.96次和1.68次。综合来看，分别有63.4%的本科生和80.6%的研究生表示通过参与学术训练和科技创新活动，自己的自主学习和探索能力有较大或极大提高。

2020年，学生在科研活动参与方面，本科生认为教师有将科研成果转化为教学内容的比例为97.3%，研究生认为教师有将科研成果转化为教学内容的比例为98.0%。本科生参加教师科研课题的比例为56.7%，人均参加教师科研课题的数量为0.80个，独立开展科研课题的数量为0.36个。硕士研究生中从本科阶段开始参与教师课题的比例为19.3%；博士研究生中从本科阶段开始参加教师课题的比例为15.8%；硕士生人均参加所有科研课题的数量为1.64个，博士生人均参加科研课题的数量为3.03个。对于科研工作，97.9%的研究生表示有兴趣。

在创新创业方面，本科生尝试创业的比例为17.7%，研究生尝试创业的比例为11.9%。本科生参与创新创业类社团的比例为33.3%，研究生参与创新创业类社团的比例为14.2%。本科生选修创新创业课程的比例为72.2%，研究生选修创新创业类课程的比例为29.0%。

在参与产学研合作方面，48.2%的研究生表示有参与企业委托或与企业合作的科研项目的机会，68.5%的本科生和67.6%的研究生曾去企业参观实习。在对企业委托科研项目的评价方面，68.7%的本科生和64.4%的研究生认为比较重要或非常重要；此外，68.8%的本科生和63.0%的研究生表示比较愿意或非常愿意参加企业委托的科研项目。

在创新人才培养的环境方面，74.2%的本科生和82.3%的研究生表示学校对学术道德和学术规范的严格遵守比较或非常重视。62.3%的本科生表示教师能较常或经常为本科生科研创新项目提供充分指导和咨询，77.7%的研究生表示学校的电子信息设备及网络条件较常或经常能够满足学习需求。32.5%的本科生认为时间不足是阻碍学生参加科研创新项目的原因，26.3%的研究生认为科研创新项目资源有限是阻碍学生参加科研创新项目的原因。

（一）科技育人成果

1. 本科生、研究生发表学术期刊、学术会议论文的情况

表8–1　不同类型普通本科高校本科生发表学术期刊、学术会议论文的情况

高校类型	发表学术期刊论文		发表会议论文	
	发表的比例（%）	发表的均值（篇）	发表的比例（%）	发表的均值（篇）
理工院校	13.0	1.70	8.0	1.76
农林院校	16.2	1.79	8.2	1.63
医药院校	15.5	1.54	6.3	1.74
综合大学	21.2	1.83	10.4	1.94
其他高校	12.0	1.75	6.7	1.72
总计	14.7	1.74	7.9	1.78

表8–2　不同隶属普通本科高校本科生发表学术期刊、学术会议论文的情况

高校隶属	发表学术期刊论文		发表会议论文	
	发表的比例（%）	发表的均值（篇）	发表的比例（%）	发表的均值（篇）
中央	18.4	1.68	9.9	1.71
中央教育部门	18.0	1.72	9.5	1.74
中央其他部门	21.5	1.40	13.5	1.52
地方	14.3	1.75	7.7	1.79
地方教育部门	14.3	1.75	7.7	1.79
地方其他部门	15.6	1.86	10.5	1.84
民办	19.9	1.47	11.8	1.37
总计	14.7	1.74	7.9	1.78

表8–3　按“双一流”建设项目分普通本科高校本科生发表学术期刊、学术会议论文的情况

高校分类	发表学术期刊论文		发表会议论文	
	发表的比例（%）	发表的均值（篇）	发表的比例（%）	发表的均值（篇）
“双一流”建设高校	20.0	1.84	10.1	1.97
其他高校	13.4	1.70	7.4	1.72
总计	14.7	1.74	7.9	1.78

表8–4　不同类型普通本科高校研究生发表学术期刊的情况

高校类型	以“一作”发表期刊论文			以“非一作”发表期刊论文		
	发表的比例（%）	发表的均值（篇）	被SCI、EI、SSCI等收录的均值（篇）	发表的比例（%）	发表的均值（篇）	被SCI、EI、SSCI等收录的均值（篇）
理工院校	40.4	2.08	2.04	47.3	2.50	2.31
农林院校	55.0	2.24	1.81	52.0	3.02	2.29
医药院校	47.7	2.02	1.79	47.2	2.92	2.53
综合大学	51.7	2.15	2.03	48.9	2.78	2.63
其他高校	53.8	2.16	1.94	38.0	2.32	2.30
总计	47.5	2.13	1.97	46.7	2.66	2.42

表8-5 不同隶属关系的普通本科高校研究生发表学术期刊的情况

高校隶属	以“一作”发表期刊论文			以“非一作”发表期刊论文		
	发表的比例（%）	发表的均值（篇）	被SCI、EI、SSCI等收录的均值（篇）	发表的比例（%）	发表的均值（篇）	被SCI、EI、SSCI等收录的均值（篇）
中央	44.4	2.36	2.24	49.3	2.79	2.73
中央教育部门	43.7	2.30	2.18	48.7	2.78	2.73
中央其他部门	55.7	3.10	2.87	58.0	2.91	2.81
地方	48.0	2.09	1.91	46.4	2.64	2.36
总计	47.5	2.13	1.97	46.7	2.66	2.42

表8-6 按“双一流”建设项目分普通本科高校研究生发表学术期刊的情况

高校分类	以“一作”发表期刊论文			以“非一作”发表期刊论文		
	发表的比例（%）	发表的均值（篇）	被SCI、EI、SSCI等收录的均值（篇）	发表的比例（%）	发表的均值（篇）	被SCI、EI、SSCI等收录的均值（篇）
“双一流”建设高校	49.6	2.25	2.10	49.9	2.81	2.66
其他高校	46.7	2.07	1.89	45.5	2.60	2.30
总计	47.5	2.13	1.97	46.7	2.66	2.42

2. 本科生、研究生参加省部级及以上大赛及获奖情况

表8-7 不同类型普通本科高校本科生参加省部级及以上大赛及获奖情况

高校类型	创新创业大赛		科技学术类竞赛	
	获奖的比例（%）	获奖的均值（个）	获奖的比例（%）	获奖的均值（个）
理工院校	16.1	1.92	15.9	2.35
农林院校	15.5	1.85	11.3	2.02
医药院校	17.3	1.58	10.3	1.57
综合大学	18.2	1.97	17.2	2.22
其他高校	10.7	1.87	8.9	2.16
总计	15.1	1.88	13.2	2.20

表8-8　不同隶属关系的普通本科高校本科生参加省部级及以上大赛及获奖情况

高校隶属	创新创业大赛		科技学术类竞赛	
	获奖的比例（%）	获奖的均值（个）	获奖的比例（%）	获奖的均值（个）
中央	18.1	1.85	19.4	2.29
中央教育部门	17.1	1.79	18.7	2.28
中央其他部门	26.5	2.19	25.5	2.35
地方	14.7	1.88	12.6	2.19
地方教育部门	14.8	1.88	12.7	2.18
地方其他部门	12.2	1.97	6.8	2.69
民办	17.9	1.91	18.9	2.43
总计	15.1	1.88	13.2	2.20

表8-9　按“双一流”建设项目分普通本科高校本科生参加省部级及以上大赛及获奖情况

高校分类	创新创业大赛		科技学术类竞赛	
	获奖的比例（%）	获奖的均值（个）	获奖的比例（%）	获奖的均值（个）
“双一流”建设高校	19.9	2.09	19.7	2.41
其他高校	13.9	1.80	11.7	2.12
总计	15.1	1.88	13.2	2.20

表8-10　不同类型普通本科高校研究生参加省部级及以上大赛及获奖情况

高校类型	创新创业大赛		科技学术类竞赛	
	获奖的比例（%）	获奖的均值（个）	获奖的比例（%）	获奖的均值（个）
理工院校	12.9	1.78	16.1	1.97
农林院校	9.0	1.59	7.1	1.60
医药院校	7.5	1.84	5.3	1.63
综合大学	7.6	1.82	8.1	1.66
其他高校	8.1	1.76	10.1	1.66
总计	9.8	1.77	11.0	1.83

表8-11　不同隶属关系普通本科高校研究生参加省部级及以上大赛及获奖情况

高校隶属	创新创业大赛		科技学术类竞赛	
	获奖的比例（%）	获奖的均值（个）	获奖的比例（%）	获奖的均值（个）
中央	9.9	2.00	10.1	2.04
中央教育部门	9.1	2.01	9.4	2.01
中央其他部门	22.1	1.93	22.1	2.21
地方	9.8	1.74	11.1	1.80
总计	9.8	1.77	11.0	1.83

表8-12　按“双一流”建设项目分普通本科高校研究生参加省部级及以上大赛及获奖情况

高校分类	创新创业大赛		科技学术类竞赛	
	获奖的比例（%）	获奖的均值（个）	获奖的比例（%）	获奖的均值（个）
“双一流”建设高校	9.3	1.87	9.9	1.81
其他高校	10.1	1.74	11.4	1.83
总计	9.8	1.77	11.0	1.83

3. 本科生、研究生申请专利与获得专利授权的情况

表8-13　不同类型普通本科高校本科生申请专利与获得专利授权情况

高校类型	独立申请专利		获得专利授权	
	申请的比例（%）	申请的均值（件）	获得的比例（%）	获得的均值（件）
理工院校	7.8	1.95	8.3	1.87
农林院校	4.1	1.96	5.4	2.19
医药院校	3.9	1.76	4.7	1.61
综合大学	6.8	2.41	7.8	2.24
其他高校	2.6	1.88	2.7	1.82
总计	5.5	2.03	6.0	1.95

表8-14 不同隶属关系的普通本科高校本科生申请专利与获得专利授权情况

高校隶属	独立申请专利		获得专利授权	
	申请的比例（%）	申请的均值（件）	获得的比例（%）	获得的均值（件）
中央	6.5	1.71	6.9	1.95
中央教育部门	6.2	1.74	6.8	2.01
中央其他部门	9.5	1.58	7.5	1.47
地方	5.4	2.07	6.0	1.96
地方教育部门	5.4	2.05	6.0	1.95
地方其他部门	4.2	3.40	3.8	3.56
民办	5.7	2.00	5.1	1.73
总计	5.5	2.03	6.0	1.95

表8-15 按“双一流”建设项目分普通本科高校本科生申请专利与获得专利授权情况

高校分类	独立申请专利		获得专利授权	
	申请的比例（%）	申请的均值（件）	获得的比例（%）	获得的均值（件）
“双一流”建设高校	7.9	2.14	8.7	2.16
其他高校	4.9	1.99	5.4	1.88
总计	5.5	2.03	6.0	1.95

表8-16 不同类型普通本科高校研究生申请专利与获得专利授权情况

高校类型	独立申请专利		获得专利授权	
	申请的比例（%）	申请的均值（件）	获得的比例（%）	获得的均值（件）
理工院校	24.7	2.27	16.9	1.99
农林院校	12.6	2.19	12.2	2.00
医药院校	6.1	1.87	6.0	1.80
综合大学	13.7	2.37	10.2	2.05
其他高校	6.3	2.03	5.3	1.90
总计	15.6	2.24	11.6	1.98

表8-17 不同隶属关系的普通本科高校研究生申请专利与获得专利授权情况

高校隶属	独立申请专利		获得专利授权	
	申请的比例（%）	申请的均值（件）	获得的比例（%）	获得的均值（件）
中央	17.6	2.15	12.4	2.04
中央教育部门	17.3	2.10	12.3	1.99
中央其他部门	21.4	2.86	13.7	2.78
地方	15.3	2.26	11.5	1.97
总计	15.6	2.24	11.6	1.98

表8-18 按"双一流"建设项目分普通本科高校研究生申请专利与获得专利授权情况

高校分类	独立申请专利		获得专利授权	
	申请的比例（%）	申请的均值（件）	获得的比例（%）	获得的均值（件）
"双一流"建设高校	17.2	2.13	12.6	1.94
其他高校	15.0	2.29	11.3	2.00
总计	15.6	2.24	11.6	1.98

4. 本科生完成软件设计开发与改进试验情况

表8-19 不同类型普通本科高校本科生完成软件设计开发与改进试验情况

高校类型	完成软件设计开发		完成改进试验	
	人数比例（%）	软件设计开发的均值（个）	人数比例（%）	改进试验的均值（个）
理工院校	11.5	1.94	15.8	1.77
农林院校	6.1	1.84	17.2	1.65
医药院校	3.8	1.57	11.8	1.54
综合大学	10.3	2.34	18.6	1.85
其他高校	4.0	2.01	8.1	1.69
总计	8.0	2.01	14.0	1.74

表8-20　不同隶属关系的普通本科高校本科生完成软件设计开发与改进试验情况

高校隶属	完成软件设计开发		完成改进试验	
	人数比例（%）	软件设计开发的均值（个）	人数比例（%）	改进试验的均值（个）
中央	13.1	1.92	22.1	1.71
中央教育部门	12.8	1.93	21.2	1.72
中央其他部门	15.5	1.81	30.0	1.63
地方	7.5	2.03	13.2	1.75
地方教育部门	7.5	2.02	13.2	1.75
地方其他部门	6.8	2.25	13.5	2.03
民办	9.1	2.22	13.2	1.74
总计	8.0	2.01	14.0	1.74

表8-21　按“双一流”建设项目分普通本科高校本科生完成软件设计开发与改进试验情况

高校分类	完成软件设计开发		完成改进试验	
	人数比例（%）	软件设计开发的均值（个）	人数比例（%）	改进试验的均值（个）
“双一流”建设高校	12.7	2.09	20.4	1.78
其他高校	6.9	1.98	12.4	1.73
总计	8.0	2.01	14.0	1.74

5. 本科生、研究生独立参加学术会议报告情况

表8-22　不同类型普通本科高校本科生和研究生独立参加学术会议报告情况

高校类型	本科生		研究生	
	参加比例（%）	平均参加次数（次）	参加比例（%）	平均参加次数（次）
理工院校	5.1	2.35	20.4	2.03
农林院校	4.2	2.54	21.8	2.07
医药院校	3.3	2.60	13.0	2.31
综合大学	5.3	2.95	21.2	2.17
其他高校	3.2	2.39	20.4	1.98
总计	4.4	2.52	19.7	2.09

表8-23 不同隶属关系的普通本科高校本科生和研究生独立参加学术会议报告情况

高校隶属	本科生		研究生	
	参加比例（%）	平均参加次数（次）	参加比例（%）	平均参加次数（次）
中央	4.3	1.80	26.2	1.96
中央教育部门	4.3	1.88	25.5	1.97
中央其他部门	4.5	1.11	37.4	1.84
地方	4.4	2.59	18.8	2.11
地方教育部门	4.3	2.59	18.8	2.11
地方其他部门	8.9	2.52	—	—
民办	3.7	1.73	—	—
总计	4.4	2.52	19.7	2.09

表8-24 按“双一流”建设项目分普通本科高校本科生和研究生独立参加学术会议报告情况

高校分类	本科生		研究生	
	参加比例（%）	平均参加次数（次）	参加比例（%）	平均参加次数（次）
“双一流”建设高校	5.3	2.79	24.7	2.06
其他高校	4.2	2.44	17.8	2.10
总计	4.4	2.52	19.7	2.09

6. 本科生、研究生参与创新创业和科技学术竞赛的情况

表8-25 不同类型普通本科高校本科生参与创新创业和科技学术竞赛的情况

高校类型	创新创业竞赛		科技学术竞赛	
	参加比例（%）	平均参加次数（次）	参加比例（%）	平均参加次数（次）
理工院校	58.4	2.11	47.1	2.70
农林院校	59.0	1.98	36.7	2.29
医药院校	63.4	1.92	33.7	1.92
综合大学	66.4	1.88	48.2	2.38
其他高校	50.3	1.81	29.3	2.18
总计	58.1	1.96	40.2	2.43

表8-26 不同隶属关系的普通本科高校本科生参与创新创业和科技学术竞赛的情况

高校隶属	创新创业竞赛		科技学术竞赛	
	参加比例（%）	平均参加次数（次）	参加比例（%）	平均参加次数（次）
中央	64.6	1.80	47.8	2.67
中央教育部门	64.2	1.74	47.2	2.65
中央其他部门	68.0	2.27	53.0	2.83
地方	57.5	1.97	39.4	2.40
地方教育部门	57.7	1.97	39.6	2.40
地方其他部门	38.0	1.87	21.5	2.04
民办	59.1	2.53	44.3	2.95
总计	58.1	1.96	40.2	2.43

表8-27 按“双一流”建设项目分普通本科高校本科生参与创新创业和科技学术竞赛的情况

高校分类	创新创业竞赛		科技学术竞赛	
	参加比例（%）	平均参加次数（次）	参加比例（%）	平均参加次数（次）
“双一流”建设高校	65.1	1.93	49.5	2.66
其他高校	56.4	1.97	38.0	2.36
总计	58.1	1.96	40.2	2.43

表8-28 不同类型的普通本科高校研究生参与创新创业和科技学术竞赛的情况

高校类型	创新创业竞赛		科技学术竞赛	
	参加比例（%）	平均参加次数（次）	参加比例（%）	平均参加次数（次）
理工院校	42.6	1.76	43.4	2.06
农林院校	36.8	1.72	31.2	1.68
医药院校	30.1	1.61	18.9	1.57
综合大学	31.1	1.57	28.7	1.71
其他高校	37.0	1.62	36.2	1.93
总计	36.9	1.68	34.4	1.90

表8-29 不同隶属关系的普通本科高校研究生参与创新创业和科技学术竞赛的情况

高校隶属	创新创业竞赛		科技学术竞赛	
	参加比例（%）	平均参加次数（次）	参加比例（%）	平均参加次数（次）
中央	34.0	1.74	32.4	2.01
中央教育部门	33.3	1.75	31.5	1.99
中央其他部门	44.3	1.69	46.6	2.18
地方	37.3	1.67	34.7	1.89
总计	36.9	1.68	34.4	1.90

表8-30 按“双一流”建设项目分普通本科高校研究生参与创新创业和科技学术竞赛的情况

高校分类	创新创业竞赛		科技学术竞赛	
	参加比例（%）	平均参加次数（次）	参加比例（%）	平均参加次数（次）
“双一流”建设高校	34.4	1.69	32.6	1.87
其他高校	37.9	1.68	35.1	1.91
总计	36.9	1.68	34.4	1.90

7. 本科生、研究生综合能力提升情况

表8-31 普通本科高校本科生认为参加科技创新活动所提高的能力情况

单位：%

能力	没有提高	提高较少	一般	较大提高	极大提高
深厚的专业知识与技能	1.1	5.5	40.1	38.1	15.3
跨学科的知识与技能	1.6	7.4	43.9	32.2	14.8
良好的学术写作和口头汇报能力	1.3	6.0	39.0	36.5	17.3
组织领导团队的能力	1.5	5.6	38.6	35.5	18.7
与他人有效合作	1.0	4.3	32.4	41.9	20.4
自主学习和探索	1.0	3.9	31.7	41.2	22.2
批判性思维	1.0	4.6	38.0	37.5	18.8
创造性思维	1.2	4.8	37.9	37.0	19.1
逻辑严密地思考问题	1.0	3.9	34.8	40.4	19.9
独立设计研究计划	1.4	6.2	39.6	34.8	18.0

续表

能力	没有提高	提高较少	一般	较大提高	极大提高
把握学科发展前沿	1.6	7.2	42.0	32.9	16.4
运用多学科的知识和方法进行创新	1.4	6.0	39.8	35.1	17.7
整合多种资源解决现实中的复杂问题	1.2	5.5	39.5	35.7	18.0
喜欢从事创新性的活动	1.9	7.2	40.6	32.6	17.7

表8–32　普通本科高校研究生认为参加科技创新活动所提高的能力情况

单位：%

能力	没有提高	有点提高	较大提高	极大提高
深厚的专业知识与技能	0.9	25.2	50.5	23.5
跨学科的知识与技能	2.8	35.4	42.1	19.7
良好的学术写作和口头汇报能力	1.3	27.1	47.2	24.4
组织领导团队的能力	4.0	33.4	41.5	21.0
与他人有效合作	1.9	26.6	47.1	24.3
自主学习和探索	0.7	18.8	48.1	32.5
批判性思维	1.4	26.7	47.2	24.8
创造性思维	1.9	30.1	44.3	23.7
逻辑严密地思考问题	0.9	23.8	48.5	26.8
独立设计研究计划	1.5	27.2	45.2	26.2
把握学科发展前沿	1.9	30.7	44.1	23.2
运用多学科的知识和方法进行创新	2.4	31.4	43.7	22.6
整合多种资源解决现实中的复杂问题	2.0	30.5	44.7	22.9
喜欢从事创新性的活动	3.6	34.6	40.1	21.8

（二）科研活动参与情况

1. 本科生、研究生对教师科教融合育人的看法

表8-33　不同类型普通本科高校的本科生、研究生对教师将科研成果转化为教学内容的评价情况

单位：%

高校类型	本科生					研究生				
	完全没有	比较少	有一些	比较多	非常多	完全没有	比较少	有一些	比较多	非常多
理工院校	2.9	21.1	42.3	24.8	9.0	2.0	15.8	33.2	36.1	13.0
农林院校	1.7	17.2	41.3	30.1	9.8	1.4	12.5	30.0	40.7	15.5
医药院校	2.3	22.0	45.1	22.8	7.8	2.5	15.0	34.8	36.0	11.7
综合大学	2.9	18.6	41.7	26.2	10.6	2.3	15.4	32.9	36.8	12.5
其他高校	2.8	23.7	45.2	22.4	5.9	1.7	14.2	29.6	40.3	14.1
总计	2.7	21.1	43.2	24.7	8.4	2.0	15.0	32.5	37.4	13.1

表8-34　不同隶属关系的普通本科高校本科生、研究生对教师将科研成果转化为教学内容的评价情况

单位：%

高校隶属	本科生					研究生				
	完全没有	比较少	有一些	比较多	非常多	完全没有	比较少	有一些	比较多	非常多
中央	2.0	19.2	42.2	28.7	7.9	1.8	16.9	33.5	36.5	11.2
中央教育部门	2.1	19.3	42.1	28.7	7.9	1.9	17.2	34.1	35.9	10.8
中央其他部门	1.5	18.5	43.0	29.0	8.0	0.0	12.2	24.4	45.8	17.6
地方	2.7	21.3	43.2	24.4	8.4	2.0	14.7	32.3	37.5	13.4
地方教育部门	2.7	21.3	43.2	24.4	8.3	2.0	14.7	32.3	37.5	13.4
地方其他部门	3.8	13.1	40.1	24.9	18.1	—	—	—	—	—
民办	1.7	19.3	46.6	20.6	11.8	—	—	—	—	—
总计	2.7	21.1	43.2	24.7	8.4	2.0	15.0	32.5	37.4	13.1

表8-35 按"双一流"建设项目分普通本科高校本科生、研究生对教师将科研成果转化为教学内容的评价情况

单位：%

高校分类	本科生					研究生				
	完全没有	比较少	有一些	比较多	非常多	完全没有	比较少	有一些	比较多	非常多
"双一流"建设高校	2.2	21.0	41.5	26.1	9.1	2.1	16.3	33.4	36.4	11.8
其他高校	2.8	21.1	43.6	24.4	8.2	2.0	14.5	32.1	37.8	13.7
总计	2.7	21.1	43.2	24.7	8.4	2.0	15.0	32.5	37.4	13.1

表8-36 普通本科高校本科生对教师教学与科研关系的看法情况

单位：%

题项	非常不同意	比较不同意	一般	比较同意	非常同意
做科研影响老师对教学的投入程度	12.4	26.4	35.8	18.1	7.3
老师做好教学就可以了，不需要开展科研	40.3	34.1	18.1	4.6	2.9
那些把科研成果融入教学内容的老师上课更吸引人	1.1	2.9	18.7	43.9	33.4
大学老师开展科研有助于提升教学水平	1.2	3.3	23.1	44.8	27.6
相比教学，多数老师更重视科研成果	3.8	16.5	48.6	22.8	8.2
相比科研，多数老师更重视教学	4.1	17.6	56.4	16.9	5.0

2. 本科生参与科研课题情况

表8-37 不同类型普通本科高校本科生参与科研课题的情况

高校类型	参加教师科研课题的时间（%）					人均参加科研课题的数量（个）	
	从未参加	大一	大二	大三	大四及以上	教师科研课题	独立开展科研
理工院校	43.1	13.5	27.9	10.9	4.7	0.83	0.34
农林院校	36.0	13.5	32.1	12.7	5.7	0.91	0.39
医药院校	35.3	15.2	29.7	13.7	6.2	0.90	0.33
综合大学	30.9	13.0	36.4	14.2	5.5	1.05	0.49
其他高校	56.9	9.0	21.3	8.6	4.1	0.55	0.30
总计	43.3	12.3	28.1	11.3	4.9	0.80	0.36

表8-38　不同隶属关系的普通本科高校本科生参与科研课题的情况

高校隶属	参加教师科研课题的时间（%）					人均参加科研课题的数量（个）	
	从未参加	大一	大二	大三	大四及以上	教师科研课题	独立开展科研
中央	28.3	10.7	38.6	15.5	7.0	1.15	0.46
中央教育部门	28.3	10.9	40.0	14.8	6.1	1.14	0.45
中央其他部门	28.5	9.0	25.5	22.0	15.0	1.26	0.51
地方	44.6	12.5	27.3	10.9	4.7	0.77	0.35
地方教育部门	44.5	12.5	27.4	10.9	4.7	0.78	0.35
地方其他部门	57.4	7.6	12.7	11.8	10.5	0.56	0.32
民办	50.0	13.5	21.6	10.8	4.1	0.63	0.40
总计	43.3	12.3	28.1	11.3	4.9	0.80	0.36

表8-39　按“双一流”建设项目分普通本科高校本科生参与科研课题的情况

高校分类	参加教师科研课题的时间（%）					人均参加科研课题的数（个）	
	从未参加	大一	大二	大三	大四及以上	教师科研课题	独立开展科研
“双一流”建设高校	31.1	13.3	35.3	13.6	6.7	1.12	0.53
其他高校	46.2	12.1	26.5	10.7	4.5	0.73	0.32
总计	43.3	12.3	28.1	11.3	4.9	0.80	0.36

3. 研究生参与科研课题情况

表8-40　不同类型普通本科高校研究生参与科研课题的情况

高校类型	初次参与教师科研课题的时间（%）						人均参与教师及个人的科研课题数（个）	
	硕士研究生			博士研究生			硕士研究生	博士研究生
	本科阶段	硕士阶段	尚未参加	本科阶段	硕士阶段	博士阶段		
理工院校	16.5	83.3	0.2	13.9	58.1	28.0	1.63	3.11
农林院校	29.0	71.0	0.0	28.6	56.0	15.4	1.94	3.25
医药院校	18.6	81.2	0.2	12.4	60.4	27.2	1.60	2.65
综合大学	21.2	78.6	0.2	18.0	55.2	26.8	1.69	3.04
其他高校	17.4	82.2	0.4	9.7	57.5	32.7	1.41	2.93
总计	19.3	80.5	0.2	15.8	57.4	26.9	1.64	3.03

表8-41　不同隶属关系的普通本科高校研究生参与科研课题的情况

高校隶属	初次参与教师科研课题的时间（%）						人均参与教师及个人的科研课题数（个）	
	硕士研究生			博士研究生			硕士研究生	博士研究生
	本科阶段	硕士阶段	尚未参加	本科阶段	硕士阶段	博士阶段		
中央	26.9	73.1	0.0	21.3	51.3	27.4	1.79	3.05
中央教育部门	27.2	72.8	0.0	22.9	51.4	25.7	1.80	3.02
中央其他部门	21.5	78.5	0.0	5.8	50.0	44.2	1.67	3.44
地方	18.3	81.5	0.2	14.5	58.7	26.7	1.62	3.02
总计	19.3	80.5	0.2	15.8	57.4	26.9	1.64	3.03

表8-42　按“双一流”建设项目分普通本科高校研究生参与科研课题的情况

高校分类	初次参与教师科研课题的时间（%）						人均参与教师及个人的科研课题数（个）	
	硕士研究生			博士研究生			硕士研究生	博士研究生
	本科阶段	硕士阶段	尚未参加	本科阶段	硕士阶段	博士阶段		
“双一流”建设高校	23.2	76.7	0.1	18.7	54.1	27.2	1.77	3.07
其他高校	17.9	81.9	0.2	14.0	59.4	26.6	1.59	3.00
总计	19.3	80.5	0.2	15.8	57.4	26.9	1.64	3.03

4. 研究生参与科研工作的兴趣情况

表8-43　不同类型普通本科高校研究生参与科研工作的兴趣情况

单位：%

高校类型	研究生参与科研工作的兴趣情况				
	没兴趣/讨厌	有一点兴趣	一般	比较有兴趣	非常有兴趣
理工院校	2.1	7.5	25.8	49.1	15.4
农林院校	1.9	6.7	24.2	49.4	17.8
医药院校	2.0	8.1	27.3	48.4	14.2
综合大学	2.2	8.0	26.3	47.5	15.9
其他高校	1.9	8.6	25.3	47.2	17.0
总计	2.1	7.8	25.9	48.4	15.9

表8-44　不同隶属关系的普通本科高校研究生参与科研工作的兴趣情况

单位：%

高校隶属	研究生对科研工作的兴趣情况				
	没兴趣/讨厌	有一点兴趣	一般	比较有兴趣	非常有兴趣
中央	2.7	8.3	25.7	49.4	13.8
中央教育部门	2.8	8.5	26.2	49.1	13.3
中央其他部门	0.8	5.3	18.3	54.2	21.4
地方	2.0	7.7	25.9	48.3	16.2
总计	2.1	7.8	25.9	48.4	15.9

表8-45　按"双一流"建设项目分普通本科高校研究生参与科研工作的兴趣情况

单位：%

高校分类	研究生对科研工作的兴趣情况				
	没兴趣/讨厌	有一点兴趣	一般	比较有兴趣	非常有兴趣
"双一流"建设高校	2.4	7.9	26.6	47.9	15.3
其他高校	1.9	7.7	25.6	48.6	16.1
总计	2.1	7.8	25.9	48.4	15.9

（三）接受创新创业教育情况

表8-46　不同类型普通本科高校本科生、研究生尝试创业的比例

单位：%

高校类型	本科生			研究生		
	尝试创业的比例	参与创新创业社团的比例	选修创新创业课程的比例	尝试创业的比例	参与创新创业社团的比例	选修创新创业课程的比例
理工院校	18.1	37.3	73.0	11.2	15.7	32.4
农林院校	21.8	38.5	72.5	15.7	15.4	31.6
医药院校	16.6	33.3	69.8	12.0	14.0	26.9
综合大学	16.9	33.8	73.2	11.3	11.5	27.0
其他高校	16.6	25.7	71.4	11.8	13.7	23.0
总计	17.7	33.3	72.2	11.9	14.2	29.0

表8–47　不同隶属关系的普通本科高校本科生、研究生尝试创业的比例

单位：%

高校隶属	本科生			研究生		
	尝试创业的比例	参与创新创业社团的比例	选修创新创业课程的比例	尝试创业的比例	参与创新创业社团的比例	选修创新创业课程的比例
中央	10.5	34.3	65.4	10.4	13.4	29.2
中央教育部门	10.6	34.4	66.3	9.9	13.1	29.0
中央其他部门	9.5	33.5	57.0	17.6	17.6	32.8
地方	18.3	33.1	72.8	12.1	14.3	28.9
地方教育部门	18.1	32.9	72.7	12.1	14.3	28.9
地方其他部门	40.1	49.4	84.8	—	—	—
民办	18.9	40.9	75.0	—	—	—
总计	17.7	33.3	72.2	11.9	14.2	29.0

表8–48　按“双一流”建设项目分普通本科高校的本科生、研究生尝试创业的比例

单位：%

高校分类	本科生			研究生		
	尝试创业的比例	参与创新创业社团的比例	选修创新创业课程的比例	尝试创业的比例	参与创新创业社团的比例	选修创新创业课程的比例
“双一流”建设高校	13.3	32.2	69.8	11.7	12.8	28.8
其他高校	18.7	33.6	72.8	12.0	14.7	29.0
总计	17.7	33.3	72.2	11.9	14.2	29.0

（四）学生参与产学研合作活动情况

1. 本科生参与产学研合作活动情况

表8-49　不同类型普通本科高校本科生参与企业委托科研项目的情况及态度

单位：%

高校类型	参与企业委托科研项目的重要性					参与企业委托科研项目的意愿				
	完全不重要	比较不重要	一般	比较重要	非常重要	完全不愿意	比较不愿意	一般	比较愿意	非常愿意
理工院校	2.1	3.6	25.4	50.6	18.2	2.0	3.7	25.0	44.0	25.4
农林院校	1.8	3.0	21.7	53.3	20.1	1.5	3.0	23.1	45.1	27.3
医药院校	1.1	3.2	29.2	52.5	14.0	1.2	4.1	27.2	46.2	21.3
综合大学	1.3	3.7	25.1	52.4	17.5	1.4	3.0	23.2	47.0	25.3
其他高校	1.6	3.4	28.3	52.8	13.8	1.5	4.2	29.4	45.6	19.3
总计	1.7	3.5	26.1	52.0	16.7	1.6	3.7	25.9	45.3	23.5

表8-50　不同隶属关系的普通本科高校本科生参与企业委托科研项目的情况及态度

单位：%

高校隶属	参与企业委托科研项目的重要性					参与企业委托科研项目的意愿				
	完全不重要	比较不重要	一般	比较重要	非常重要	完全不愿意	比较不愿意	一般	比较愿意	非常愿意
中央	1.8	3.4	27.5	54.7	12.7	1.5	3.8	23.2	49.9	21.6
中央教育部门	1.8	3.3	26.2	55.9	12.8	1.6	3.5	22.9	50.6	21.5
中央其他部门	2.0	4.0	39.0	44.0	11.0	1.0	6.0	26.5	44.0	22.5
地方	1.7	3.5	26.1	51.8	16.9	1.7	3.7	26.2	45.0	23.5
地方教育部门	1.7	3.5	25.9	51.9	16.9	1.7	3.7	26.1	45.1	23.5
地方其他部门	4.2	2.5	38.8	36.3	18.1	3.0	3.0	36.7	33.8	23.6
民办	0.3	2.7	21.3	47.3	28.4	0.0	3.0	22.0	34.8	40.2
总计	1.7	3.5	26.1	52.0	16.7	1.6	3.7	25.9	45.3	23.5

表8-51 按“双一流”建设项目分普通本科高校本科生参与企业委托科研项目的情况及态度

单位：%

高校分类	参与企业委托科研项目的重要性					参与企业委托科研项目的意愿				
	完全不重要	比较不重要	一般	比较重要	非常重要	完全不愿意	比较不愿意	一般	比较愿意	非常愿意
“双一流”建设高校	1.5	3.9	24.9	54.2	15.5	1.5	3.3	22.6	49.1	23.5
其他高校	1.8	3.4	26.4	51.4	17.0	1.7	3.7	26.7	44.4	23.5
总计	1.7	3.5	26.1	52.0	16.7	1.6	3.7	25.9	45.3	23.5

2. 研究生参与产学研合作活动的情况

表8-52 不同类型普通本科高校的研究生对企业委托科研项目的情况及态度

单位：%

高校类型	参与企业委托科研项目的重要性					参与企业委托科研项目的意愿				
	完全不重要	比较不重要	一般	比较重要	非常重要	完全不愿意	比较不愿意	一般	比较愿意	非常愿意
理工院校	1.0	3.3	26.8	53.5	15.4	1.0	3.5	28.2	48.9	18.4
农林院校	0.4	2.5	31.4	51.3	14.4	0.4	3.8	32.0	46.3	17.5
医药院校	1.4	4.1	42.0	42.5	10.0	1.3	3.9	40.6	42.7	11.5
综合大学	1.2	3.7	33.5	49.7	12.0	1.6	4.8	33.4	45.1	15.1
其他高校	1.1	2.9	29.4	54.5	12.1	1.5	3.5	30.9	48.1	16.0
总计	1.0	3.4	31.2	51.1	13.3	1.2	3.9	31.9	46.8	16.2

表8-53 不同隶属关系的普通本科高校研究生企业委托科研项目的情况及态度

单位：%

高校隶属	参与企业委托科研项目的重要性					参与企业委托科研项目的意愿				
	完全不重要	比较不重要	一般	比较重要	非常重要	完全不愿意	比较不愿意	一般	比较愿意	非常愿意
中央	1.1	4.2	31.0	53.0	10.7	1.6	5.2	31.4	47.1	14.8
中央教育部门	1.2	4.3	31.3	52.9	10.4	1.7	5.4	31.7	46.5	14.7
中央其他部门	0.0	2.3	26.7	55.7	15.3	0.0	2.3	25.2	55.7	16.8
地方	1.0	3.2	31.3	50.8	13.7	1.1	3.7	32.0	46.8	16.4
总计	1.0	3.4	31.2	51.1	13.3	1.2	3.9	31.9	46.8	16.2

表8-54　按“双一流”建设项目分普通本科高校研究生参与企业委托科研项目的情况及态度

单位：%

高校分类	参与企业委托科研项目的重要性					参与企业委托科研项目的意愿				
	完全不重要	比较不重要	一般	比较重要	非常重要	完全不愿意	比较不愿意	一般	比较愿意	非常愿意
“双一流”建设高校	1.1	3.8	32.1	50.9	12.1	1.5	4.5	31.9	46.5	15.6
其他高校	1.0	3.2	30.9	51.1	13.8	1.0	3.6	31.9	46.9	16.5
总计	1.0	3.4	31.2	51.1	13.3	1.2	3.9	31.9	46.8	16.2

3. 研究生参与企业委托或与企业合作科研项目的情况

表8-55　不同类型普通本科高校研究生参与企业委托或与企业合作的科研项目的情况

单位：%

高校类型	参与企业委托或与企业合作的科研项目的情况				
	没参加过	比较少	一般	比较多	非常多
理工院校	42.0	17.9	24.6	12.6	2.9
农林院校	47.6	18.7	23.5	8.7	1.5
医药院校	63.7	16.1	15.3	3.8	1.1
综合大学	56.0	16.4	19.3	6.9	1.5
其他高校	62.9	16.5	15.3	4.5	0.8
总计	51.8	17.2	20.6	8.5	1.9

表8-56　不同隶属普通本科高校研究生参与企业委托或与企业合作的科研项目的情况

单位：%

高校隶属	参与企业委托或与企业合作的科研项目的情况				
	没参加过	比较少	一般	比较多	非常多
中央	48.7	17.3	20.3	11.2	2.4
中央教育部门	49.1	17.3	20.4	10.9	2.3
中央其他部门	42.7	16.8	19.8	16.8	3.8
地方	52.3	17.1	20.6	8.1	1.8
总计	51.8	17.2	20.6	8.5	1.9

表8–57 按“双一流”建设项目分普通本科高校研究生参与企业委托或与企业合作的科研项目的情况

单位：%

高校分类	参与企业委托或与企业合作的科研项目的情况				
	没参加过	比较少	一般	比较多	非常多
“双一流”建设高校	51.4	16.5	20.5	9.2	2.3
其他高校	52.0	17.4	20.6	8.2	1.7
总计	51.8	17.2	20.6	8.5	1.9

4. 本科生、研究生与企业开展合作项目情况

表8–58 不同类型普通本科高校本科生与企业开展合作项目情况

单位：%

高校类型	参与企业合作活动的主要方面						
	产品研发	产品设计	解决流程或管理的实际问题	前沿探索性理论研究	产品销售或宣传	参观实习	其他
理工院校	17.6	21.7	27.6	22.6	30.7	70.5	46.5
农林院校	16.2	19.3	28.8	21.4	39.6	76.8	51.6
医药院校	15.7	19.6	20.8	19.8	29.1	59.3	36.6
综合大学	18.0	22.6	29.6	24.3	33.0	74.4	47.9
其他高校	10.4	13.9	21.6	16.2	29.7	60.2	40.3
总计	15.6	19.5	26.1	20.9	31.7	68.5	45.0

表8–59 不同隶属普通本科高校本科生与企业开展合作项目情况

单位：%

高校隶属	参与企业合作活动的主要方面						
	产品研发	产品设计	解决流程或管理的实际问题	前沿探索性理论研究	产品销售或宣传	参观实习	其他
中央	18.6	22.8	28.0	25.1	24.7	73.5	40.3
中央教育部门	19.3	23.6	29.1	25.7	25.9	74.0	41.6
中央其他部门	13.0	15.9	18.3	19.8	13.9	69.6	29.0
地方	15.2	19.0	25.8	20.5	32.2	68.0	45.3
地方教育部门	15.1	18.9	25.6	20.3	32.0	67.9	45.2
地方其他部门	22.0	28.4	40.9	33.6	52.9	74.8	55.8

续表

高校隶属	参与企业合作活动的主要方面						
	产品研发	产品设计	解决流程或管理的实际问题	前沿探索性理论研究	产品销售或宣传	参观实习	其他
民办	20.0	29.0	31.7	26.5	40.0	69.1	50.3
总计	15.6	19.5	26.1	20.9	31.7	68.5	45.0

表8-60　按“双一流”建设项目分普通本科高校本科生与企业开展合作项目情况

单位：%

高校分类	参与企业合作活动的主要方面						
	产品研发	产品设计	解决流程或管理的实际问题	前沿探索性理论研究	产品销售或宣传	参观实习	其他
“双一流”建设高校	19.0	22.8	29.9	25.2	29.9	74.2	44.0
其他高校	14.7	18.7	25.1	19.9	32.1	67.1	45.2
总计	15.6	19.5	26.1	20.9	31.7	68.5	45.0

表8-61　不同类型普通本科高校研究生与企业开展合作项目情况

单位：%

高校类型	参与企业合作活动的主要方面						
	产品研发	产品设计	解决流程或管理的实际问题	前沿探索性理论研究	产品销售或宣传	参观实习	其他
理工院校	42.6	40.5	47.4	52.5	16.5	70.2	52.6
农林院校	33.8	29.9	45.1	49.0	20.7	76.2	58.8
医药院校	18.9	14.6	22.4	32.1	12.7	48.1	33.6
综合大学	32.3	27.5	37.9	45.0	15.5	65.7	44.8
其他高校	18.1	19.9	30.8	39.1	18.3	68.2	47.4
总计	34.2	31.6	40.7	46.9	16.6	67.6	49.0

表8-62　不同隶属普通本科高校研究生与企业开展合作项目情况

单位：%

高校隶属	参与企业合作活动的主要方面						
	产品研发	产品设计	解决流程或管理的实际问题	前沿探索性理论研究	产品销售或宣传	参观实习	其他
中央	41.0	37.7	47.9	50.9	16.3	69.6	48.2
中央教育部门	40.9	37.3	47.3	49.9	16.5	68.5	47.7
中央其他部门	42.4	43.3	55.9	63.8	13.4	84.3	54.8
地方	33.2	30.7	39.7	46.3	16.6	67.2	49.1
总计	34.2	31.6	40.7	46.9	16.6	67.6	49.0

表8-63　按“双一流”建设项目分普通本科高校研究生与企业开展合作项目情况

单位：%

高校分类	参与企业合作活动的主要方面						
	产品研发	产品设计	解决流程或管理的实际问题	前沿探索性理论研究	产品销售或宣传	参观实习	其他
“双一流”建设高校	38.2	33.8	45.2	50.2	16.2	67.0	48.0
其他高校	32.6	30.7	39.0	45.6	16.8	67.8	49.4
总计	34.2	31.6	40.7	46.9	16.6	67.6	49.0

（五）创新人才培养的环境

1. 学校创新人才培养氛围

表8-64　普通本科高校本科生关于学校对创新人才培养氛围的评价情况

单位：%

学生认为学校对以下方面的重视程度	完全不重视	不太重视	一般	比较重视	非常重视
具有创新创业的意识和素养	1.1	4.6	30.8	43.0	20.5
营造平等、民主、开放、自由的学术氛围	1.2	3.5	28.1	42.3	24.9
本科生参与到教师的科研项目之中	1.6	6.9	35.1	36.9	19.5
本科生参与创新创业大赛和科技类竞赛	0.8	3.0	27.2	42.9	26.1
在人才培养上与行业、企业紧密结合	1.1	5.7	34.8	38.5	20.0
强调学生掌握多学科知识、具有跨学科视野	1.1	4.4	30.8	40.7	23.0

续表

学生认为学校对以下方面的重视程度	完全不重视	不太重视	一般	比较重视	非常重视
强调学以致用	0.9	3.2	27.0	41.8	27.2
为学生创新创业提供支持与帮助	0.8	3.1	28.2	41.9	26.0
对学术道德和学术规范的严格遵守	0.6	2.0	23.2	41.0	33.2
支持各类科技创新成果有效转化	0.8	3.2	30.4	40.5	25.1

表8–65 普通本科高校研究生关于学校对创新人才培养氛围的评价情况

单位：%

学生认为学校对以下方面的重视程度	完全不重视	不太重视	一般	比较重视	非常重视
科研工作具有创新性	0.9	2.9	24.9	46.0	25.4
科研氛围平等、民主、开放、自由	1.1	3.3	25.2	43.9	26.5
跨学科合作、多学科交叉的科研工作	1.0	4.4	29.9	41.9	22.7
与国外同行进行学术交流与科研合作	1.8	7.5	32.5	37.3	20.9
与企业、研究所等其他机构协同合作	1.2	6.1	32.9	39.8	20.0
为研究生创新创业提供支持与帮助	1.6	5.4	31.4	39.4	22.2
对学术道德和学术规范的严格遵守	0.4	1.2	16.1	36.7	45.6
支持各类科技创新成果有效转化	0.7	3.5	28.0	41.1	26.8

2. 学生开展科技创新的基础条件

表8–66 普通本科高校本科生对学校科技创新条件的评价情况

单位：%

学生对学校创新条件的评价	从未	偶尔	有时	较常	经常
通过图书馆系统能够找到所需要的文献资源	2.5	9.6	28.0	31.8	28.2
实验室开放时间和实验设备能够满足你的科研需求	5.4	12.6	29.6	29.8	22.7
电子信息设备及网络条件能够满足你的学习需求	2.0	9.2	26.1	34.1	28.6
教师能为本科生科研创新项目提供充分指导和咨询	1.7	8.9	27.1	33.0	29.3
本科生开展科技创新活动能够得到一定的经费支持	4.0	13.0	30.7	28.9	23.4
学校或老师能够为学生提供与企业合作交流的机会	4.4	14.4	32.9	26.8	21.6

表8-67　普通本科高校研究生对学校科技创新条件的评价情况

单位：%

学生对学校创新条件的评价	从未	偶尔	有时	较常	经常
通过图书馆系统能够找到所需要的文献资源	1.2	6.6	18.3	32.7	41.2
实验室开放时间和实验设备能够满足你的科研需求	2.7	7.5	20.3	34.0	35.5
导师能为研究生学术成长给予充分指导和支持	0.9	5.2	16.7	31.8	45.5
电子信息设备及网络条件能够满足你的学习需求	0.8	4.8	16.8	35.5	42.2
做科研项目有较为充足的经费保障	3.0	8.0	22.0	31.2	35.8
学校或老师为研究生提供与企业合作交流的机会	8.0	14.3	28.3	24.8	24.6

表8-68　阻碍普通本科高校学生参加科研创新项目的原因

单位：%

阻碍学生参加科研创新项目的原因	本科生					研究生				
	没有阻碍	阻碍较小	一般	阻碍较大	极大阻碍	没有阻碍	阻碍较小	一般	阻碍较大	极大阻碍
缺乏经费支持	8.0	17.8	46.5	21.0	6.7	18.4	21.1	37.2	17.2	6.2
科研创新的项目或活动较少	7.8	16.2	49.7	20.8	5.4	13.6	18.7	45.5	18.0	4.2
缺乏信息来源	7.8	16.1	44.1	24.3	7.8	14.7	19.6	40.0	19.9	5.9
缺乏教师的指导和支持	13.0	20.5	43.5	17.2	5.8	23.9	22.7	34.5	13.7	5.2
不感兴趣	12.3	18.6	45.8	15.0	8.3	19.9	22.8	40.4	11.0	6.0
时间不足	6.8	15.8	44.9	24.6	7.9	14.2	20.5	39.3	19.7	6.3
科研创新项目资源有限	7.0	14.6	47.0	24.5	7.0	13.4	18.1	42.1	20.6	5.7
个人发展不需要	14.8	20.3	49.4	11.1	4.4	19.4	22.9	44.9	9.3	3.5
其他原因	17.4	15.1	59.2	5.4	2.9	24.9	17.4	52.0	3.6	2.1

附录1　普通高校创新调查对象

1.参加“普通高校创新信息采集”的高校基本情况

截至2021年5月1日，共有2377所高校参加了“2020年度普通高校创新信息采集”工作。

附表1-1　参与调查高校的性质类别分布

办学类型	填报学校数量（所）	学校总数量（所）	填报比例（%）
综合大学	566	664	85.24
理工院校	843	988	85.32
农业院校	76	85	89.41
林业院校	17	21	80.95
医药院校	191	221	86.43
师范院校	225	253	88.93
语文院校	45	53	84.91
财经院校	225	274	82.12
政法院校	57	69	82.61
体育院校	31	37	83.78
艺术院校	85	96	88.54
民族院校	16	18	88.89

附表1-2　参与调查学校的规格分布

学校规格	填报学校数量（所）	学校总数量（所）	填报比例（%）
本科	1165	1270	91.73
其中：独立学院	195	241	80.91
专科	1212	1468	82.56

附表1-3　参与调查学校的学校隶属分布

学校隶属	填报学校数量（所）	学校总数量（所）	填报比例（%）
中央部门	102	118	86.44
教育部门	67	76	88.16
其他部门	35	42	83.33
地方	1658	1846	89.82
教育部门	1106	1202	92.01
其他部门	502	585	85.81
具有法人资格的中外合作办学	11	12	91.67
地方企业	39	49	79.59
民办	617	774	79.72

附表1-4　参与调查学校进入“双一流”建设项目的分布

学校类型	填报学校数量（所）	学校总数量（所）	填报比例（%）
“世界一流大学”建设高校	37	41	90.24
“世界一流学科”建设高校	90	96	93.75
其他高校	2250	2601	86.51

附表1-5　参与调查高校的地区分布

地区	填报学校数量（所）	学校总数量（所）	填报比例（%）
北　京	69	92	75.00
天　津	52	57	91.23
河　北	116	125	92.80
山　西	61	85	71.76
内蒙古	45	54	83.33
辽　宁	104	114	91.23
吉　林	64	64	100.00
黑龙江	73	80	91.25
上　海	60	63	95.24
江　苏	165	167	98.80
浙　江	106	109	97.25
安　徽	104	120	86.67
福　建	85	89	95.51

续表

地区	填报学校数量（所）	学校总数量（所）	填报比例（%）
江　西	92	105	87.62
山　东	125	152	82.24
河　南	125	151	82.78
湖　北	87	129	67.44
湖　南	79	128	61.72
广　东	153	154	99.35
广　西	74	82	90.24
海　南	20	21	95.24
重　庆	56	68	82.35
四　川	109	131	83.21
贵　州	53	75	70.67
云　南	75	82	91.46
西　藏	6	6	100.00
陕　西	91	97	93.81
甘　肃	49	50	98.00
青　海	12	12	100.00
宁　夏	18	20	90.00
新　疆	49	56	87.50
总计	2377	2738	86.82

2. 普通本科高校教师创新情况调查的样本分布

截至2021年9月，全国共有14 792位同时担任教学和科研工作的普通本科高校教师参与了2020年度个人创新情况调查。

附表1–6　按学校性质类别分教师样本分布情况

学校性质类别	有效样本量（位）	有效百分比（%）
理工院校	5498	37.17
农林院校	1640	11.09
医药院校	1476	9.98
综合大学	3427	23.17
其他高校	2751	18.60
总计	14 792	100.00

附表1-7　按学校隶属分教师样本分布情况

学校隶属	有效样本量（位）	有效百分比（%）
中央	1863	12.59
中央教育部门	1576	10.65
中央其他部门	287	1.94
地方	12 756	86.24
地方教育部门	12 599	85.17
地方其他部门	157	1.06
民办	173	1.17
总计	14 792	100.00

附表1-8　按“双一流”建设项目分教师样本分布情况

学校分类	有效样本量（位）	有效百分比（%）
“双一流”建设高校	3599	24.33
其他高校	11 193	75.67
总计	14 792	100.00

3. 普通本科高校学生创新情况调查的样本分布

截至2021年9月，全国共有24 038位本科生和17 545位研究生参与了2020年度个人创新情况调查。

（1）本科生调查

附表1-9　不同类型院校的本科生样本分布情况

学校类型	有效样本量（位）	有效百分比（%）
理工院校	8751	36.40
农林院校	2407	10.01
医药院校	2184	9.09
综合大学	4139	17.22
其他高校	6557	27.28
总计	24 038	100.00

附表1–10　不同隶属关系的院校本科生样本分布情况

学校隶属	有效样本量（位）	有效百分比（%）
中央	1976	8.22
中央教育部门	1776	7.39
中央其他部门	200	0.83
地方	21 766	90.55
地方教育部门	21 529	89.56
地方其他部门	237	0.99
民办	296	1.23
总计	24 038	100.00

附表1–11　“双一流”建设高校的本科生样本分布情况

学校分类	有效样本量（位）	有效百分比（%）
“双一流”建设高校	4587	19.08
其他高校	19 451	80.92
总计	24 038	100.00

（2）研究生调查

附表1–12　不同类型院校的研究生样本分布情况

学校类型	有效样本量（位）	有效百分比
理工院校	6695	38.16
农林院校	1906	10.86
医药院校	2386	13.60
综合大学	3886	22.15
其他高校	2672	15.23
总计	17 545	100.00

附表1-13　不同隶属关系的院校研究生样本分布情况

学校隶属	有效样本量（位）	有效百分比
中央	2172	12.38
中央教育部门	2041	11.63
中央其他部门	131	0.75
地方	15 373	87.62
地方教育部门	15 372	87.61
地方其他部门	1	0.01
总计	17 545	100.00

附表1-14　“双一流”建设高校的研究生样本分布情况

学校分类	有效样本量（位）	有效百分比
“双一流”建设高校	4971	28.33
其他高校	12 574	71.67
总计	17 545	100.00

附录2　指标解释

● R&D

指为增加知识存量（也包括有关人类、文化和社会的知识）及设计已有知识的新应用而进行的创造性、系统性工作，包括基础研究、应用研究和试验发展3种类型。R&D活动应当满足5个条件：新颖性、创造性、不确定性、系统性、可转移性（可复制性）。

● R&D人员

指报告期R&D活动单位中从事基础研究、应用研究和试验发展活动的人员。包括：①直接参加上述3类R&D活动的人员；②与上述3类R&D活动相关的管理人员和直接服务人员，即直接为R&D活动提供资料文献、材料供应、设备维护等服务的人员。不包括为R&D活动提供间接服务的人员，如餐饮服务、安保人员等。

● R&D人员全时当量

指R&D全时人员（报告期从事R&D活动的实际工作时间占制度工作时间90%及以上的人员）工作量与非全时人员［报告期从事R&D活动的实际工作时间占制度工作时间10%（含）～90%（不含）的人员］按实际工作时间折算的工作量之和，是国际上通用的、用于比较科技人力投入的指标。例如：有2个R&D全时人员（工作时间分别为0.9年和1年）和3个R&D非全时人员（工作时间分别为0.2年、0.3年和0.7年），则R&D人员全时当量＝1+1+0.2+0.3+0.7=3.2（人年）。

● 基础研究

指一种不预设任何特定应用或使用目的的实验性或理论性工作，其主要目的是为获得（已发生）现象和可观察事实的基本原理、规律和新知识。基础研究的成果通常表现为提出一般原理、理论或规律，并以论文、著作、研究报告等形式为主。

● 应用研究

指为获取新知识，达到某一特定的实际目的或目标而开展的初始性研究。应用研究是为了确定基础研究成果的可能用途，或确定实现特定和预定目标的新方法。其研究成果以论文、著作、研究报告、原理性模型或发明专利等形式为主。

● 试验发展

指利用从基础研究、应用研究和实际经验中获取的知识和研究过程中产生的其他知识，开发新的产品、工艺或改进现有产品、工艺而进行的系统性研究。其研究成果以专利、专有技术，以及具有新颖性的产品原型、原始样机及装置等形式为主。

● 研究人员

指研究人员是指从事新知识、新产品、新工艺、新方法、新系统的构想或创造的专业人员及R&D项目（课题）主要负责人员和R&D机构的高级管理人员。研究人员一般应具备中级及以上职称或博士学历。

● R&D经费内部支出

指报告期调查单位内部为实施R&D活动而实际发生的全部经费，包括用于R&D项目（课题）活动的直接支出，以及间接用于R&D活动的管理费、服务费、与R&D有关的基本建设支出和外协加工费等；不包括生产性活动支出、归还贷款支出及与外单位合作或委托外单位进行R&D活动而转拨给对方的经费支出。

● 政府资金

指R&D经费内部支出中来自于各级政府财政的各类资金，包括财政科学技术支出和财政其他功能支出的资金用于R&D活动的实际支出。

● 企业资金

指R&D经费内部支出中来自于企业的各类资金。对企业而言，企业资金指企业自有资金、接受其他企业委托开展R&D活动而获得的资金，以及从金融机构贷款获得的开展R&D活动的资金；对科研院所、高校等事业单位而言，企业资金是指因接受从企业委托开展R&D活动而获得的各类资金。

● R&D项目（课题）

指调查单位在当年立项并开展研究工作、以前年份立项仍继续进行研究的研发项目或课题，包括当年完成和年内研究工作已告失败的研发项目或课题。

● 专利

指发明创造经审查合格后，由国务院专利行政部门依据专利法授予申请人对该项发明创造享有的专有权，是专利权的简称。发明创造是指发明、实用新型和外观设计。

● 发明专利

指对产品、方法或者其改进所提出的新的技术方案。

● 有效发明专利数

指调查单位作为专利权人在报告年度拥有的、经国内外知识产权行政部门授权且在有效期内的发明专利件数。

● 专利所有权转让及许可数

指报告年度调查单位向外单位转让专利所有权或允许专利技术由被许可单位使用的件数。

● 专利所有权转让与许可收入

指报告年度调查单位向外单位转让专利所有权或允许专利技术由被许可单位使用而得到的收入，包括当年从被转让方或被许可方得到的一次性付款和分期付款收入，以及利润分成、股息收入等。

● 高校作为卖方的成交合同数

指在全国技术市场成交合同中高校作为卖方签订的技术合同数量。

● 高校作为卖方的成交合同金额

指在全国技术市场成交合同中高校作为卖方签订的技术合同金额数。

● 学校与企业联合建立研究机构

指学校和企业联合建立实验室、研究中心等研究机构。

● 外聘教师

指在学校备案的学校聘请的外部教师，不包括院聘、系聘教师。

● 学校与企业共同承担科研项目

指学校与企业共同申请的纵向项目。纵向科技项目是指上级科技主管部门或机构批准立项的各类计划（规划）、基金项目。

● 与企业合作开展科研项目

指学校与企业共同申请的纵向项目和企业委托学校开展的横向项目。横向科技项目指企事业单位、兄弟单位委托的各类科技开发、科技服务、科学研究等方面的项目，以及政府部门非常规申报渠道下达的项目。

● 知识产权投资

指知识产权人依法将专利权、商标权或著作权等知识产权资产评估作价，作为对企业的非货币、非实物出资，以获得所对应的企业股权的行为。知识产权投资属于非货币、非实物出资，因此必须比照实物投资，依法将知识产权资产评估作价后出资。知识产权投资一般有转让投资、合作投资、许可投资、合资投资等方式。

附录3　数据来源

1.中华人民共和国教育部发展规划司，《中国教育统计年鉴》(2010—2020年）。

2.国家统计局、中华人民共和国科学技术部，《中国科技统计年鉴》（2010—2021年）。

3.中华人民共和国教育部科学技术与信息化司，《高等学校科技统计资料汇编》（2011—2021年）。

4.国家统计局，《中国统计年鉴》(2011—2021年）。

5.OECD，Main Science and Technology Indicators。

6.SciVal科研评价和分析平台，其底层数据为Scopus数据库。

7.2020年度普通高校创新调查，包括2020年度普通高校创新信息采集报表、2020年度普通本科高校教师创新情况调查及2020年度普通本科高校学生创新情况调查。